未来産業のつくり方

公開霊言
豊田佐吉・盛田昭夫

大川隆法
RYUHO OKAWA

本霊言は、2010年6月27日、幸福の科学名古屋記念館（写真上左・中）、
2010年6月28日、東京南部支部精舎（写真上右・下）にて、
質問者との対話形式で公開収録された。

まえがき

自分で言うのも変だが、とにかく面白い本だ。しかも経済人、企業家にとっては夢のような本だ。

トヨタグループの祖《そ》・豊田佐吉《とよださきち》や、ソニーの創業者・盛田昭夫《もりたあきお》から、いま、直接、『未来産業のつくり方』について提言を聞けるとしたら、これは本来なら世界的な大ニュースだろう。

その真実を街《まち》行く大多数の人たちは知らない。霊的世界を信じ、信仰心を持つ者のみに許された「特権《とっけん》」、神々の世界からのアイデアの無限供給《むげんきょうきゅう》だ。一笑《いっしょう》に付《ふ》すのは簡単だが、どのクラスの現役経営者《げんえきけいえいしゃ》なら、これだけの内容のある話を座談《ざだん》できようか。

新しき『創造の法』の世界が、この日本から始まろうとしているのだ。いま、この年に。

二〇一〇年　八月四日

幸福《こうふく》の科学《かがく》グループ創始者兼総裁《そうししゃけんそうさい》　大川隆法《おおかわりゅうほう》

未来産業のつくり方　目次

第2章　豊田佐吉《とよださきち》との対話

第二部

第3章　未来へのイノベーション

第4章　ソニー創立者・盛田昭夫《もりたあきお》との対話

第一部

二〇一〇年六月二十七日
愛知県・幸福の科学 名古屋記念館にて

第1章

国家主導型経済への警告

1 「増税しても経済成長する」の問題点

ヒトラーが唯一嫌《ゆいいついや》がった「自由主義」

地元名古屋のみなさん、中部本部のみなさん、こんにちは。

今日は、ハイエク、ケインズ、シュンペーターの霊言《れいげん》である『未来創造の経済学』（幸福の科学出版刊）の講義です。最初に、この本のことをお話しして、次に、みなさんの主たる関心事である、中部経済のほうに論点を持っていきたいと思います。

すなわち、今も中部経済の指導をされていると思われる、トヨタグループの祖・豊田佐吉《とよださきち》さんの霊を初めて招霊《しょうれい》し、質問者からの質問を受けてもらおうと考えております。これは実験です。万一《まんいつ》うまくいかなかった場合は、今回の講義は静岡県《しずおかけん》の支部や精舎《しょうじゃ》にも衛星中継《えいせいちゅうけい》をしているので、本田宗一郎《そういちろう》さんに替《か》えるかもしれません。おそらく大丈夫《だいじょうぶ》だろうと思いますが、かなり変わった人のようですので、もつかどうかは分かりません。

さて、まず簡単に、『未来創造の経済学』の趣旨《しゅし》を述べておきましょう。

最近、私は『国家社会主義とは何か』（幸福の科学出版刊）などで、全体主義的な考えへの批判を述べていますが、国家社会主義で有名なドイツ・ナチス党のヒトラーは、最後まで、「自分は民主主義者である」と信じていたのです。

というのも、ヒトラーは、きちんと選挙で選ばれて議員になっていますし、総統就任の際も、国民投票で約九十パーセントの支持を受けているからです。そのため、ヒトラー本人は民主主義を認め、信じていた人なのです。

しかも、「自分は社会主義者である」とも信じていて、「世の中を社会主義的に変えていける」と考えていた人なのです。

そのヒトラーが、唯一《ゆいいつ》、嫌《いや》がったことは「自由主義」です。自由ということだけは拒否《きょひ》していました。彼は、自由という言葉や自由主義者が嫌《きら》いであり、政策に、自由主義を取り入れることはなかったのです。要するに、民主主義と社会主義は入っていたけれども、自由主義は入っていなかったわけです。

したがって、今、民主党政権が進めようとしている、社会主義的な政策や民主主義的な政策のなかには、実は、全体主義と同類項《どうるいこう》の考え方がないわけではないのです。その点に、よく気をつけなければいけません。これを、一つ言っておきたいと思います。

国家主導型経済は、必ず増税路線になる

今、菅《かん》首相は、「増税をしても、お金の使い道を間違《まちが》わなければ、経済成長す

る。例えば、社会福祉《ふくし》や医療《いりょう》などに使えば大丈夫だ。財政均衡《きんこう》と経済発展とは両立するのだ」というようなことを言い、また、カナダ・サミットでも、そういうことをのたまわったそうですが、これは、基本的に、「国家主導型経済」の考え方です。

例を引いて、説明しましょう。前の自民党政権時代に、厚生労働大臣をしていたのは、舛添要一《ますぞえよういち》氏でした。最近、自民党から出て、新党をつくった方です。以前は、総理大臣候補として人気ナンバーワンでした。

その舛添氏が厚労大臣のとき、テレビに何度も登場し、「悪性インフルエンザが外国で流行《はや》っている」と言って大騒《おおさわ》ぎをしていました。

国内のメーカーに何千万回分ものワクチンをつくらせ、さらに、「それだけでは間に合わない」というので、外国のメーカーに約一億回分も発注していました。

「一人、二回、打たないといけないので、国内だけでは間に合わない」などと言っていたのに、時間が過ぎたら、いつの間にか、話は立ち消えていました。

ワクチンの発注は一部キャンセルになったでしょうが、すでにつくった分は在庫の山になり、ほとんど廃棄《はいき》処分されるしかないでしょう。一千億円以上が無駄《むだ》になったと言われています。

こういうことが、国家主導型経済の本質なのです。

今、菅首相が言っている「社会福祉や医療にお金を使っても、経済成長する」というのは、結局、「実需《じつじゅ》があろうがなかろうが、政府がお金を出してワクチンをつくらせたら、製薬会社は儲《もう》かり、経済がよくなる」というようなことに近いのです。

実際、日本では、新型インフルエンザで亡くなった方は数十人程度であり、その多くは、ほかの病気を持っていて、それを併発《へいはつ》した方でした。

要するに、空騒《からさわ》ぎであったことは間違いありません。しかし、そのあと、「お金をいくら使い、どれだけ無駄になったか」が十分に検証されていませんし、インフルエンザ問題を煽《あお》ったマスコミも、責任があるので、黙《だま》って知らん顔をしています。

菅首相が「お金の使い方を間違わなければ、経済発展する」と言っているのは、実は、こういうことを言っているわけであり、極《きわ》めて危険なのです。

昨年のワクチンの問題は、民間会社が発注していれば、当然、倒産《とうさん》するスタイルです。国家が注文しているから、全額支払《しはら》ってもらえるので、倒産しないのです。

しかし、その負担分は、税金で穴埋《あなう》めするということであり、そのために増税をかけなければいけなくなるわけです。

このように、「国家主導で経済活動を行う場合には、需要・供給の原理に外《はず》れたことであっても、お金の使い道があり、そのことが、増税をかける原因にもなる」ということなのです。

要するに、菅首相の言っていることは、民間の、いわゆる自由主義的な市場原理では、ありえないことです。

例えば、見込《みこ》みで大量に物をつくったところ、実際にニーズがなかったら、その会社は潰《つぶ》れます。当たり前です。ところが、国家主導になると潰れないのです。これが社会主義国家、共産主義国家の姿です。

やはり、「菅首相は、共産主義国家をつくろうとしている」としか思えません。

2 繁栄《はんえい》は自由から生まれる

国家による失業の補償《ほしょう》は本当に必要なのか

さらに、別な言葉で説明しましょう。これはハイエクも好きな考え方です。

江戸《えど》時代、「駕籠《かご》かき」という職業がありました。駕籠は、当時の交通手段であり、今でいうタクシーです。そして、明治維新《いしん》以降、鉄道が敷《し》かれるようになると、当然、駕籠かきはなくなっていきました。

そうしたとき、社会福祉《ふくし》を中心に考える国家社会主義的な政府だと、「政府主導の下《もと》、鉄道が敷かれたことによって、駕籠かきという職業がなくなってしまい、申し訳ありません。その代わり、税金を投入して、職業上の損失を補償《ほしょう》し、生活を保障します。そのためには増税しなければなりません」というようなことを考えるのです。これが、「大きな政府」の考え方です。

しかし、現実には、その後、駕籠かきが復活することはありませんでした。残念ですが、時代の流れから見れば、駕籠かきでご飯を食べていた方々は、ほかの職業に転職せざるをえなかったわけです。

失業している間、一時的に、何らかの救済手段があってもよいとは思いますが、そうした補償をずっと続けるようなことを、税金ですべきではないのです。

鉄道の時代になったならば、鉄道会社に雇《やと》ってもらえるように頑張《がんば》るしかありません。あるいは、駕籠かきができたような体力のある人なら、郵便局に勤めるなど、その他の職業に就《つ》くことは可能であったと思います。

要するに、職を失ったことまで補償するようなことをしたら、財政赤字はいくらでも続き、税金をいくらでも取られるようになっていくのです。

自由の死を最も恐《おそ》れよ

最終的に「自由」が死滅《しめつ》していく前には、まず統制経済が始まり、次は、必ず思想の統制に入っていきます。

「自由をとるか、平等をとるか」という議論もありますが、今の民主党政権が、「格差社会は問題だ」と言って格差をなくそうとしているのは、「平等社会を目指している」ということでしょう。これは、自由が死滅していく流れです。

ところで、自由を求め、突《つ》き詰《つ》めていき、もし失敗した場合に来るものは何でしょうか。それは、要するに、「強制執行《きょうせいしっこう》で財産を差し押《お》さえられる」ということです。会社の倒産《とうさん》もそうですが、これが自由の最終形態なのです。

一方、平等の最終形態は、どこまで行くかというと、「死刑《しけい》」です。「捕《つか》まって、最終的に死刑にされる」ということは、すでに共産主義社会で起きていることです。まずは〝島流し〟にされますが、その次は死刑にされます。政府を批判した人などが、政治的思想犯として死刑になるような事態が、歴史を見ると現実に起きています。

できるだけ規制を少なくし、各人が力を発揮できる国づくりを

今、菅《かん》首相は、「社会福祉《ふくし》のために使うお金は、よいお金であり、財政均衡《きんこう》と同時に経済成長もできる」と言っていますが、世界的な経済学のレベルから見れば、まやかし以外の何ものでもありません。

両立できないものを、両立できるかのように約束することは、ヒトラーとそっくりな約束の仕方です。ヒトラーの政権は、穀物の生産者には「小麦を高く買い上げる」と言い、パン屋には「小麦を安く卸《おろ》す」と言い、一般《いっぱん》の人には「安くパンを買えるようにする」と言い、そういう矛盾《むじゅん》する約束を連発しましたが、それ

に似ている印象を受けるのです。

したがって、「菅政権には、気をつけたほうがよろしいですよ」と言っているわけです。みなさんは、「ちょっとだけの増税だ」と思っているかもしれませんが、考え方には力があるので、「政府は、どこへ向かっていこうとしているのか」ということをよく考えなければいけません。

例えば、増税は本当に必要なのでしょうか。先ほど述べたように、国家が、職業を失ったこととの補償までしなければいけないのでしょうか。

あるいは、新型インフルエンザは、実際には大して広がらなかったのに、厚労省は大量にワクチンを発注し、一千億円以上も予算を無駄《むだ》にしています。普通《ふつう》の会社なら潰《つぶ》れるようなことを、平気でやっています。

そして、こうしたことが、みな、財政赤字につながっているのです。

私は、「国家主導型の経済は、基本的に失敗する。これは、最終的には、破滅《はめつ》へと至る道である」と考えています。

やはり、自由があるところに繁栄《はんえい》はあります。自由があるところに、創意工夫や智慧《ちえ》が生まれ、各人の力が発揮されて、繁栄が来るのです。したがって、できるだけ規制を少なくし、各人の力を発揮できるような国にしなければいけません。

私は、そう考えているのです。

第2章

豊田佐吉《とよださきち》との対話

豊田佐吉《とよださきち》（一八六七〜一九三〇）

発明家。トヨタグループの創業者。二十三歳《さい》で、「豊田式木製人力織機《しょっき》」を発明する。その後、新しい織機を次々と開発し、当時、世界最高性能の「G型自動織機」を完成。日本の紡績業《ぼうせきぎょう》の発展に大きく貢献《こうけん》した。なお、トヨタ自動車は、長男・喜一郎《きいちろう》の代での創業だが、日本に自動車の時代が来ることを見通した佐吉が、国産自動車開発への挑戦《ちょうせん》を喜一郎に託《たく》したところから始まっている。

［質問者二名は、それぞれA・Bと表記］

1　本邦《ほんぽう》初公開の「豊田佐吉の霊言《れいげん》」

大川隆法　中部経済に関係のある話を、なるべくしたほうがよいと思うので、豊田佐吉さんに、地元の方から質問していただき、何らかの参考になるようなことを語ってもらえれば、ありがたいと思います。

では、質問者の方、お願いします。

（質問者が前方に出てくる）

豊田佐吉さんは、私も初めてです。本邦《ほんぽう》初公開です。

それでは、豊田佐吉さんをお呼びいたします。おそらく、立派な世界に還《かえ》っておられると信じます。

（約十秒間の沈黙《ちんもく》）

トヨタ自動車の祖である豊田佐吉さん、どうか、新しい中部経済や日本の未来等について、霊的《れいてき》ご指導をお願い申し上げます。

豊田佐吉さん、どうか、われらのために、霊的ご指導を賜《たまわ》りたく、お願い申し上げます。

豊田佐吉さん、どうか、われらを指導したまえ。

（約三十秒間の沈黙）

豊田佐吉　おお、肩凝《かたこ》るね（会場笑）。

司会　豊田先生、おはようございます。

豊田佐吉　うん。

司会　豊田先生は、日本が誇《ほこ》る世界的な発明家であり、起業家であり、この中部の地より出でたる偉人《いじん》、巨人《きょじん》として……。

豊田佐吉　いやあ、君ぃ（笑）、ちょっと言葉が出来すぎなんじゃないか。

司会　大きすぎますか。

豊田佐吉　中部の人は、あまり信じないんだよ、そういうほめ方は。

司会　信じないんですか（笑）。

豊田佐吉　うん。もうちょっと、地味に、着実な言い方をしないと駄目《だめ》なんだ（会場笑）。

司会　かしこまりました。地道に企業《きぎょう》を大きくされ、今や世界一の自動車メーカーとして……。

豊田佐吉　私は自動車をつくってはいないけどね。

司会　はい。そのトヨタ自動車の祖として、トヨタグループの基礎《きそ》をつくり上げられた豊田先生に、本日は、国難を迎《むか》えている日本に対して、さまざまなご教示を賜れればと考えております。

豊田佐吉　それにしても、ここは暑いね。なんだこれ？　君らは暖房《だんぼう》をかけてんのかい？

司会　ライトを当てております。

豊田佐吉　ん？　ああ、ライトね。

司会　撮影《さつえい》をしておりますので。

豊田佐吉　ああ、なるほど。それでか。

司会　はい。

豊田佐吉　わしは、メカに関心があってねえ（笑）。

司会　はい（笑）。

豊田佐吉　なるほど、ライトが当たっているのか。

司会　ええ。「映りをよくしよう」ということでございます。

豊田佐吉　ああ、なるほど！　それは、いい心がけだな（会場笑）。

司会　はい。

豊田佐吉　まあ、しかたないな、それは、しかたない。頑張《がんば》ろう。

司会　はい。

豊田佐吉　暑いけど頑張ろう。

司会　多少、お暑うございますが、よろしくお願い申し上げます。

豊田佐吉　ああ、そうだね。まあ、暑かったら、背広は脱《ぬ》いじゃうからね（会場笑）。

司会　はい。脱いでいただいて結構でございます。

豊田佐吉　で、この美人さんは？

司会　では、本人より、自己紹介《しょうかい》をさせていただきます。

A――　初めまして。本日は、ありがとうございます。

豊田佐吉　ええ。

A――　私《わたくし》は、参議院選挙において愛知県選挙区から立候補しております、幸福実現党の○○と申します（収録当時）。

豊田佐吉　ああ、偉い人なんだ。

A――　いえいえ、とんでもないです。

昨年（二〇〇九年）夏の衆議院選挙では、トヨタの本社がある愛知十一区から立候補して、トヨタ労組出身の候補と戦いました。

豊田佐吉　で、どっちが勝った？

A――　トヨタ労組の……。

豊田佐吉　それはいかん。それはいかん。それはいかんですな（会場笑）。それは、労組によう言うとかないかんですね。

A――　次こそ勝ちたいと思っております。

豊田佐吉　まあ、「幸福の科学が、私を神様扱《あつか》いしてくれる」っちゅうんだったら、それは、考え方を変えないかんなあ。

A――　はい。

豊田佐吉　根本的に変えないかんとこやなあ。ああ、だから、松下幸之助《こうのすけ》さんだけが神様だと思ったら、大間違《おおまちが》いだ（会場笑）。豊田佐吉だって神様だ。神様の一人だ。

まあ、「中部で根ぇ張って頑張っとるんだ」ということを、ちゃんと言っとかんと、いかんですよ。

Ａ――　はい。

豊田佐吉　まあ、労組も、今回は引っ込《こ》んどらないかんねえ。こっちは、あなたを応援《おうえん》しなきゃいけない。ね？

Ａ――　はい。ぜひとも、ご指導をよろしくお願いいたします。

豊田佐吉　うん、する、する（会場笑）。

A――　ありがとうございます。

豊田佐吉　する。

A――　ありがとうございます。

豊田佐吉　うん、女性だったらする。

A――　ありがとうございます。女性に生まれてよかったです（会場笑）。

2　黒字会社を増やすことを国家目標とせよ

Ａ――　それでは、質問させていただきます。
今、日本は不況《ふきょう》のなかにありますが、民主党も自民党も、「増税をしなければ、財源を確保できない」と言っています。さらに菅《かん》首相は、「増税によって経済成長させる」というようなことを言っています。

豊田佐吉　うん。

Ａ――　しかし、不況のときに増税をすれば、ますます景気が悪くなり、不況が長引いてしまうことが危惧《きぐ》されます。

豊田佐吉　うん、うん。

A――　幸福実現党では、むしろ、今、必要なことは、日本全体を豊かにする政策であると考えております。

特に、ここ愛知県には、トヨタを中心として、日本が誇《ほこ》る素晴《すば》らしい技術がございますので、「この技術を最大限に生かし、ロボット産業や航空産業、宇宙産業といった新しい未来産業を、国の基幹産業として、育てていきたい。そして、愛知県のみならず、日本を高度成長へと導いていきたい」と考えているのです。

そこで、増税の問題と新しい未来産業に関して、豊田佐吉先生のお考えをお教えいただければと思います。

放漫《ほうまん》経営で赤字を出した会社を救うことは間違《まちが》っている

豊田佐吉　一言、言わせてもらうけどさあ。一言じゃすまないかなあ、たくさん、しゃべるかもしらん。

いやあ、トヨタ出身者も経団連の会長とかをよくしていたから、日本経済全体について、リーダーとしての意見はあるし、考えも持っているけどね。私も、それは知っているよ。

まあ、トヨタは、かんばん方式・あんどん方式など、いろいろと使って……、これは、あとの人（質問者B）が訊《き》きたいのかもしらんけれども……、改善に改善を重ねて、高収益体質の、世界的な企業《きぎょう》をつくってきたんだよな。それで黒字を出しゃあ、会社は税金も納められるよね。

そのように努力してやってきた会社と、放漫《ほうまん》経営をして赤字を出すような会社とが出てくるわけだけれども、そのときに、「赤字の会社に国の税金を投入し、その会社を救うことが、政治の仕事だ」というようなことを言われたら、私らは改善の意欲が落ちていきますよ。

それは、倫理的《りんりてき》に間違《まちが》っていますよ。優《やさ》しいのもいいけれども、やっぱり叱《しか》らないけないよ。

天変地異が起きて会社の工場が潰《つぶ》れたとか、そういう不可抗力《ふかこうりょく》の場合は、かわいそうだから、助けてやらないかんと思う。しかし、「放漫経営の結果、赤字になった」とか、「労働組合があまりにいい加減なことを言うので、会社がガタガタになった」とか、こうした会社を救うために税金を投入して国民にツケを回し、さらに、増税をかけるというのは、やっぱり、いけないと思うな。

まあ、こう言っては悪いけどさあ、最近、ＪＡＬさんが兆単位の負債《ふさい》を抱《かか》えているということで、政府は税金投入をお決めになったようだ。ＪＡＬは、労働組合運動で長らく悩《なや》んでおられたけれども、やっぱり内部問題じゃないですかねえ。

こういう内部問題で、お客さまに迷惑《めいわく》をかけるだけでなく、「全然関係のない国民に、要するに、飛行機に乗らなくてトヨタ自動車に乗っとりゃいい国民にまで（会場笑）、税金を負担させて、会社を救わせる」という、ほかの人にツケを回すようなことは、いかんことですよ。

基本的に、企業は、「黒字を出し、利益をあげ、税金を納める」ということを進めるべきです。赤字を出すところは、やっぱり叱らないかんと思いますね。赤字が出るのは、努力が足りない、あるいは、智慧《ちえ》が足りない、創意工夫が足りないからですよ。

一生懸命《いっしょうけんめい》やっている会社がバカを見るような世の中をつくったら、みんな、やる気がなくなってくるから。トヨタだって、「じゃあ、うちが赤字を出しても、二、三兆円ぐらい税金を入れてくれるのかなあ」などと思いだしたら、とたんに、カイゼンなんかする気がなくなっちゃうよ。

企業《きぎょう》は「自助努力の精神」を失ったら終わり

トヨタに来ている人はねえ、まあ、学歴のなかった私なんかが言うのも、あれだけれども、今は、ちょっと、ましな人もトヨタに入っているのかな？　でも、まあ、基本的に、全従業員を見れば、「世界最高クラスの人材が集まっている」ということは絶対ありえないよ。

これは失言かなあ？　失言かもしれないけれども、まあ、織機《しょっき》づくりの発明家で、おたくのドクター・中松の親戚《しんせき》のような、奇人《きじん》・変人のおやじがつくった会社だから（会場笑）、もとは、そんなに、まともな会社じゃないよ。

だけど、それが、だんだん、まともになってきて、国の柱になり、世界的な企《き》業《ぎょう》になって、最近では、アメリカにいじめられるところまで大きくなったわけですよ。自動車王国のアメリカに攻《せ》め込《こ》んでバッシングされるぐらい、強くなったわけです。

しかし、これは、すべてだね、その〝凡人《ぼんじん》〟たちが、智慧と汗《あせ》のかぎりを尽《つ》くして、つくり上げてきたものなんだよ。

だからねえ、優しい考えもいいんだけどね、「最小不幸を目指す」とか言って、お救いになるのはいいんだけれども、やっぱり、企業倫理というか、モラルが落ちていく方向に引っ張っていくのは、国のリーダーとしては、基本的に問題があるわ。

それで、今、あれでしょう？　去年、税収がかなり減ったと思うけどさあ。ガタッと落ちたと思うけど、税制が悪いから減ったわけではないでしょう？　不況だから減ったのでしょう？　不況だから税収が減ったのであって、税制が悪いから減ったわけではないはずです。だから、税収を増やすには、好況にするしかないわけですよ。

では、好況にするには、どうするか。いやあ、そう言ったってねえ、やっぱり、各企業で創意工夫して、黒字を出すように努力しないと駄目《だめ》ですよ。要するに、「親方日の丸」で、政府頼《だの》みでいたんじゃ駄目ですよ。国家から巨額《きょがく》の税金を投入される前に、自助努力しないと駄目ですよ。

このままで行くと、これから、大きな会社もたくさん潰れていきますけれども、全部、税金を入れて、救って、そのツケを国民に回すようなことばかりしていたら、この国は完全に衰退《すいたい》しますよ。

私は、基本的に、「トヨタが自助努力の精神を失ったら終わりだ」と思っています。他力依存《いぞん》の会社がたくさんあるんだったら、叱ってやりたいですね。基本的に、私はそう思うね。

だから、税金を簡単に上げるような、そんな気の弱い政治家なんて要《い》らないよ。

辞《や》めたらいいわ。「しっかり働きなさい！　それだけ従業員を抱えとって、税金も払《はら》えんのか！」と言って、叱るぐらいの政治家を持たんとね。もう、会社の社長のほうが威張《いば》っているようじゃ駄目ですよ。

まあ、私は、そう思うんだけれども、きついかなあ。名古屋はケチだからな（会場笑）。だいたい、そんなところだ。ハッハ。

A――　はい、ありがとうございます。国民のみなさんに自助努力の精神を……。

豊田佐吉　簡単に増税なんて言わずに、ほんなもん、「働いて黒字にしなさい！」って言えば、税収は増えるんだ。「税金は上げんから、頑張《がんば》って働いて、黒字を出せ」と言ったらいいんですよ。

赤字会社を減らすほうが先です。そして、黒字会社を増やすことですよ。だから、税率を上げることを国家目標にしたら駄目ですよ。

これでは、さっき大川総裁が言っていたような、国家による統制経済になってしまうよ。それだと、企業努力というものが生きてこないのでね。そうじゃなくて、「黒字会社を増やす」ということのほうに、国家目標を置かないといけない。「税金を払わないと恥《は》ずかしいな。昼間、道を歩けん」というのが普通です。そうしなきゃいけないですよ。

基本的に、なんちゅうかなあ、人のせいにするようなタイプの人は、あまり偉くなったらいかんねえ。うーん、どうも、よくないなあ。

企業経営の現場を知らない民主党政権は「甘《あま》い」

私は、自民党もちょっとおかしいと思っているけど、はっきり言って、今の民主党政権は、基本的に間違っていると思うな。

彼らは、企業経営の苦しさや厳しさを知らないな。だから、甘《あま》いと思う。とても甘いと思うなあ。

公務員も甘えてるけどねえ、やっぱり、企業経営の現場を知るべきだよ。弱者救済もいいけどね、企業がどれだけ努力しているかを知らずに、「みんな正規雇《こ》用《よう》にしろ」とか、「時給をいくらに上げろ」とか言ってるけれども、そんなのは、国が決めるようなことじゃないですよ。

こんなことを決められたんじゃ、全部、完全に国営企業になってしまいますよ。そうしたら、赤字だらけになりますよ。全部赤字になったら、いったい、どこが税金を納めるんですか。

やっぱり、基本的な思想を間違えては終わりだと、私は思うな。

だから、今、非常に危険なところに来ています。「高齢化《こうれいか》・老齢化が進む」ということで、国民から、すごい、おすがりの念波《ねんぱ》が出ているけれども、これは、考え方を改めないといけませんね。

七十歳《さい》を過ぎても、サッカーの選手をやってる人たちだって、いるんだからねえ。老人のサッカーチームがあるんだから、老人でも元気に働ける職場をつくっていかなきゃいけないですよ。それが、あるべき未来だと思うな。

どうしても道が拓《ひら》けない人たちは、国が救わないかんと思うよ。そういう機能は残ると思うけど、何でもかんでも救うっちゅうのはなあ。

例えば、「高校の授業料ぐらい払えますよ」っていう家は、たくさんありますよ。そこにまで、お金を撒《ま》かなくてもいいんじゃないの？

払えないところは、助けてやってもいいと思うよ。ただ、「うちは、お金を払えるんですけど」っていう人も、たくさんいますよ。それなのに、なぜ、お金を撒いて、そして、税金を増やさないかんのですか。おかしいですよ。これは、やっぱり、「票を取ろうとしている」としか思えないじゃないですか。基本的に間違っていますよ。

「人をバカにした」というか、「お金で釣《つ》る」というか、なんていうか、馬の鼻《はな》面《づら》にニンジンをぶら下げているような、こういう、国民を愚民視《ぐみんし》した政策は、私はあまり好きじゃないんだよ。

しゃべりすぎたかなあ？（会場笑）

A――　いえ、ありがとうございます。

3　中日《ちゅうにち》新聞・民主党・トヨタ労組《ろうそ》について

A――　今、お話に出てきました民主党ですが、この愛知県は「民主王国」とも言われており、経済が強い地域であるにもかかわらず、左翼《さよく》思想も強いのです。

豊田佐吉　うーん。

A――　愛知県民の多くの家庭が読んでいる中日《ちゅうにち》新聞においては、かなりの左翼ぶりでして、選挙が公示されても、中日新聞だけは……。

（新聞を広げて、紙面を見せる）

豊田佐吉　うんうん。

A――　愛知県の候補者は七人いるのですが、中日新聞だけは、幸福実現党の候補者を公平に載《の》せておらず、一行だけ、「幸福実現党」と書いているような状況《じょうきょう》です。朝日新聞も公平に扱《あつか》ってくださるようになったのに、中日新聞だけは、まったく公平に扱ってくれず、「公職選挙法に触《ふ》れるのではないか」と、かなり憤《いきどお》りを感じています。

なぜ、中日《ちゅうにち》新聞は、幸福実現党だけを偏向《へんこう》報道するのか

豊田佐吉　それは、憤らないかんなあ。「私が首相をやっとったら、おたくの会社が潰《つぶ》れても、税金は投入せんぞ！」って言わないといけませんねえ。

新聞も自由じゃないんですよ。もう、すでに、全体主義というか、報道管制が入ってるんですよ。ある意味で、この国は、中国や北朝鮮《きたちょうせん》のような国になっている。統制がたくさんかかっていて、言論は、必ずしも自由じゃないんです。たくさん統制がかかっている。

「あなただけを外《はず》したい」っていうんだったら、それは、あなたが、よほど怖《こわ》い何かを持っているんだね（会場笑）。向こうから見れば、よほど怖いものが、何かあるんだな。あなたの考え方のなかに、よほど怖いものがある。

さあ、どこが怖いんだろう。ほかの候補者だったら大丈夫《だいじょうぶ》で、あなただけ怖い。何が怖い？　きっと何か怖いんだよ。何が怖いと思う？

A――　信仰心《しんこうしん》とかですか？

豊田佐吉　信仰心？　信仰心が怖い？　うーん、まあ、そうだねえ……。

でもねえ、僕《ぼく》が聞いている話では、なんか、社内では、去年から議論はずいぶんしてるんだってさ。そして、「幸福実現党だけ外している」っていうのは、認識はしてるんだよ。そして、その、何だあ？　ちゅう……。

Ａ――　中日新聞です。

豊田佐吉　中日新聞と、東京の東京新聞というのは、経営は一緒《いっしょ》なんだよ。経営体は一緒なんだけれども、東京新聞のほうは、広告もたくさん載るし、幸福実現党の候補者も、ある程度、扱ってるんだよ。で、中日新聞だけ扱っていない。同じ経営体なのに、東京のほうは載って、中部では載っていないんですよ。それは、おかしいでしょ？

だから、何かある。

それで、社内で会議して、「こんなことをしていて、不買運動を起こされたら、どうするんだ」と、心配する意見も内部からは出ているんですけど、どうも、上のほうに、幸福実現党が出てくると困る人がいらっしゃるようなんですよね。

うん、そうです、あなた（司会）が思っているとおりです。

司会　イオンの三男ですか？

豊田佐吉　そうなんですよ。民主党さんの大幹部のご親族の方が、新聞社のなかにいらっしゃることが原因で、差し止めが入っているんですね。しかし、「公器として、そういうことが、いつまでも許されるのかどうか」というのは、やっぱり、世間の人たちが、じーっと見ているわけですから。

でもねえ、ああいう安売り店は、これからたくさん潰れるよ。ハッハッハッハ。言っては何だが、メーカーは付加価値が高いんですよ。鉄から車をつくるのは、付加価値がすごく高くて利益が出るから、わりに景気に左右されにくいけれども、流通業は、マージンがすごく低いから、景気に左右されやすくて、何か起きたときには、ガサガサッと来るんだよね。

今、中国が、また人民元《じんみんげん》の切り上げで揺《ゆ》さぶられている。ということは、安い労働力あるいは工賃《こうちん》でつくられた、いろいろなものが、中国から入ってくるような時代は終わろうとしているんだよ。

そうすると、日本で安売りをやっているようなところは、これから、だんだん厳しくなってくると思われるんだ。あっちも、日本でつくるのと変わらないぐらい高くなってくるわけだよね。

安売りだけで食っているところは、厳しくなっていく。うち（トヨタ）のように、付加価値がわりに高いメーカーは、ある程度もちますけれども、流通で食ってるところは、かなりの淘汰《とうた》が起きると思われます。

また、マスコミ界も、今後、淘汰がそうとう起きてくると思いますよ。もうすでに、インターネットとか、携帯《けいたい》電話とか、そういう情報の時代に入ってきているので、今後、〝活字〟が生き延びるのは、そうとう大変な時代に入ります。だから、まあ、いずれ因果応報が来ると思いますけどね。

具体的には、その新聞社の経営陣《けいえいじん》のなかに、あなたを警戒《けいかい》する者がいるということだと思いますね。向こうにとって何か困るような外交政策を、あなたが言っているんだと思われます。それが、たぶん理由でしょう。

あとは、あるとしたら、その経営陣が「美人が嫌《きら》いだ」とか、そんなのがあるかどうか（会場笑）、まあ、私は分かりませんがねえ。ええ。でも、しかたがない。去年からハンディ戦は始まっているのでね。

まあ、上のほうに一部、それを「正義だ」と思っている人がいるんですよ。つまり、左翼思想に染まって、「こういう、宗教が絡《から》むものを世間の人に宣伝しないことが正義だ」と思っている人が、現実にいるわけですね。

でも、最近の霊言集《れいげんしゅう》に出ているように、左翼思想に染まった人は、死後、みな地獄《じごく》で苦しんでいて、「自分は霊だ」ということが分からない状態がずっと続くわけなんです。宗教というのは、本当は公益性があるんだけれども、その宗教の公益性を理解できない人がいるわけですよ。「宗教は、税金を払《はら》わないで、得をしている」というように思っている人がいるわけです。

宗教には、本来、国がやらなきゃいけないような仕事を、代わりにやっているところがあるんですよ。そういう公益性があることを理解していないところがあるので、まあ、そういうところが引っ掛《か》かっているんだろうと思います。しかし、これは、基本的に、戦後マスコミが背負っている罪ではあるんですね。

新聞でいえば、朝日新聞、毎日新聞、東京新聞っていうのが、編集方針は一緒らしく、基本的に左翼なんですけど、今は、親玉の朝日新聞から順番に崩《くず》れてきている状態で、霊言集の広告がたくさん載ってるらしいじゃないですか。もう認めざるをえなくなってきてるんですよ。

中日新聞は、「地方紙だから、まだ許される」と思っているのかもしれませんが、だんだん、大勢の目が許さなくなってくるんです。

メディアにとっては、大勢の目がいちばん怖い。要するに、「情報公開」、あるいは「編集方針の公開」「経営方針の公開」というのが、本当はいちばん厳しい。なぜなら、「どういう方針でやっているのか」ということの蓋《ふた》を開けてみると、北朝鮮や中国のように、上からの統制で全部、決められているわけだね。こんなことが分かってしまったら、自由主義圏《けん》では信頼《しんらい》を失ってしまう。

だから、「裏で、横槍《よこやり》を入れてる者がいると見ていい」と思うんですけれども、時代は変わりますよ。極端《きょくたん》まで振《ふ》れたものは、次は、正反対まで行きますから。悔《くや》しかったら、まずは、そのトヨタ労組《ろうそ》を折伏《しゃくぶく》なされて、「豊田佐吉が、幸福実現党を応援《おうえん》するように言うとった」ということを、しっかり言うことだね。まあ、静岡県《しずおかけん》にも衛星中継《えいせいちゅうけい》が流れているようだから言うけど、ホンダの人には、「本田宗一郎《そういちろう》が、そう言うとった」と言ってもらわないかん。あの人も幸福実現党を応援しとるからな。向こうはホンダで、愛知はトヨタだからね。

豊田佐吉は、幸福の科学や幸福実現党の考え方と変わらない考え方を基本的に持っている。私の考えは、幸福の科学から発信されているように、やっぱり、「自助努力の精神」ですね。

私は発明家ですから、「自由」を大事にしたい。自由性を確保できないと、発明なんかできないんだ。だから、統制をかけられるのが、いちばん厳しいね。アイデアや創意工夫を生かせなくなったら、厳しい。

自由な国でなければ、やはり、奇人《きじん》・変人を許す体制というのはできないし、そういう奇人・変人が、新しい価値を生むんですよ。

中国と仲が悪くなったら、経済界は本当に困るのか?

あと、もしトヨタのほうで勘違《かんちが》いがあるとしたらね。今、中国市場にも車を走らせようとしているから、「中国と仲が悪くなったら困る」という経済界の意見を代弁している部分は多少あると思うけれども、結局、経済の原理においては、最後には、いいものが勝つんです。顧客《こきゃく》の心を自由にはできないんですよ。

国家統制は、最後まで、かけ続けることはできない。やがて自由市場になってきた場合には、いいものが必ず勝つので、そんなに心配しなくてもいいんです。

政治的な報復などが一時的にあったとしても、今、世界の経済はリンクしてきており、最後にはいいものが必ず勝つから、あまり政治的マターにかかわらないで、いいものをつくるように努力していけばいい。

例えば、自動車というのは、アメリカ人にとって、本当は、野球と同じぐらい、自分たちの誇《ほこ》りだったよね。「ベースボールは、アメリカで生まれたものだ」って言ってるんでしょう？　でも、最近は、国際大会でポロポロ負け始めたわねえ。まあ、日本の柔道《じゅうどう》だって、外国に負け始めたりしてるよね。同じなんだよ。国際ルールが通用するようになると、同じことが起きてしまうんだよ。

そういうことで、「中国で車を売らせてくれなくなったりしたら、困るな」とか、いろいろ心配している向きもあるかもしれないけれども、基本的に、向こうの政治体制のほうが間違ってるんだ。中国の指導部のほうが、今、負けつつある状態なんですよ。

中国の都市部では、収入がどんどん上がって、農村部との経済格差が十倍以上になってきています。日本では、「格差是正《ぜせい》」とか言っているし、アメリカのオバマさんも、そんなことを、ちょっと言っていて、平等社会のほうに向かおうとしているのに、肝心《かんじん》の中国は、政治のほうはマルクス・レーニン主義、毛沢東《もうたくとう》主義で変わらないいんでしょうけど、経済のほうは、「誰《だれ》でも稼《かせ》げる者から稼げ」ということで、格差の拡大を放置しているんですよ。

もう、「儲《もう》かる者から儲けなさい」「儲けられる者は、好きなように儲けなさい」ということで、国全体が豊かになりつつあるわけなんですね。誰かが豊かになってくれれば、それが次第に川下《かわしも》のほうに流れていきますからね。

そういう意味で、〝本家〟の中国のほうが、「格差をなくそう」などと言っていなくて、格差が開くことを放置し、逆に、「どんどん、やれ!」と言ってるような状況なんですから、日本の経済界は、何か勘違いをしているかもしれないね。

みんな、やっぱり、いいものを欲しがるし、今は、公害や地球環境《かんきょう》関連で、高度な技術を車に求められつつあるので、技術格差があれば、優位を、ずっと保てます。研究して、よそではつくれない車をつくり続ければ、アメリカにも勝てるし、中国やインドにも勝てます。中国やインドが国産で車をつくっても、彼らが敵《かな》わないものをつくり続ければいい。人は必ずいいものを欲しがりますのでね。

だから、「それは心配する必要はない」と言っておきたいですね。

人間にとっていちばん大切なのは「真理とは何か」を追求すること

その中日新聞は、一回、叱《しか》っとかないかんねえ（会場笑）。どうやって叱ったらいい？「豊田佐吉が怒《おこ》っとる」っちゅうんじゃ駄目《だめ》か？「豊田佐吉が怒っとりますよ」という広告では、やっぱり許してくれんかなあ。

まあ、でも、親玉は朝日新聞だからさあ。朝日のほうは、もう完全に陥落《かんらく》してるんですよ。朝日が陥落している理由は、何年か前に、幸福の科学の外売り雑誌か何《なん》かで、社長の守護霊《しゅごれい》？

司会　守護霊が出ておりました。

豊田佐吉　社長の守護霊の霊言が載せられて、あれで陥落しちゃったんだよね

（月刊「ザ・リバティ」〔幸福の科学出版刊〕二〇〇三年十月号のこと）。

司会　はい。

豊田佐吉　そっくりだったのでね。

司会　はい。

豊田佐吉　あれ以降、ものすごく丁重《ていちょう》になっちゃってねえ。

司会　ええ。かなり恥《は》ずかしい内容の霊言を出してしまって。

豊田佐吉　だったよね。

司会　はい。

豊田佐吉　社員が見て、「うちの社長しかありえない」っていう内容の霊言だったらしいね。その人は、もう社長を退《しりぞ》いたけど、あれで、朝日のほうが信じたので、「他の霊言も？　出るでしょうよ」という感じになっちゃった。そうでしょう？

司会　はい。

豊田佐吉　うん。だから広告が出るんだね。今、朝日には、霊言集の広告が載ってるけど、それは、自分のところが身を以《も》って、その真実性を感じているからですね。

今、あなたがたは、「真理とは何か」「正しさとは何か」ということを追求してるんでしょう？

例えば、「あの世があるか、ないか」って、これは、二つに一つですよね。「あるか、ないか」なんですよ。あるんだったら、「ない」と言っている人たちが間違ってるんだから、そういう人たちは反省しなきゃいけないね。

「ない」にもかかわらず、「ある」ように言うのなら、それは詐欺《さぎ》なんでしょうけれども、あなたがたは、「ある」ということの証明を一生懸命《いっしょうけんめい》しているわけだし、今まで、「あの世がない」ということを証明できた人なんかいないんですよ。企業《きぎょう》経営においても、そうですよ。ご先祖様というか、創業者というか、そういう人を祀《まつ》って、しっかりと墓参りをしているような会社は、だいたい、みな発展・繁栄《はんえい》していくけれども、そういうことを蔑《ないがし》ろにしてると、だんだん傾《かたむ》いていくんですよ。

それは、人間にとって、いちばん大切なことであると私は思いますね。ええ。そういうところを忘れたらいけないね。

だから、「愛知が左翼になっている」っちゅうのは、ちょっと許せませんね。それは、「アンチ東京」という意味での左翼でしょうかね。京都にも、そういうところがありますが、お寺がたくさんあるのに、共産主義が流行《はや》ってるなんて、変ですけどねえ。これは、何なんですか？

司会　おそらく、トヨタの労組が強いのではないかと思います。

ものづくりも最先端《さいせんたん》まで行けば「神秘」を感じるようになる

豊田佐吉　ああ。反省すべき点があるとしたらね。自動車をつくってると、ちょっと唯物論《ゆいぶつろん》に近づくところがあるんです、メカをやるとね。

本田宗一郎さんも反省なさっていたけれども、やっぱり、メカをやって、車をつくっていたら、そちらのモノのほうに頭が行って、目に見えない世界や思想のほうは、ちょっと遠くなってしまう。

「お、こうやったら直せるじゃん」とか、「部品が足りない」とか、そんな現実のことばかり考えるようになるので、〝商売〟が、やや唯物論的な外科手術みたいなほうに行ってしまうところはある。

だから、努力して、ほかのものを教養として学ばなければ、「宗教心が失われる」というところは、まあ、「ある」といえば、あるわな。

ただ、メカに行きすぎると、そういう面が出てくるけれども、宇宙飛行士でもさ、実際、宇宙に行って帰ってきたら、神様や宇宙人を信じるようになっちゃって、宣教師になる人もいるらしいじゃないですか。神秘を感じてね。だから、本当は、メカだって、最先端《さいせんたん》まで行ったら、人間の智慧《ちえ》の限界の先にあるものを感じるようになるわけですよ。

トヨタの未来は「空飛ぶ自動車」の開発にあり

幸福実現党なんか、トヨタの未来をちゃんと言ってくれてるよね。「空飛ぶ自動車をつくれ」って言ってるじゃない？（『民主党亡国論』〔大川隆法著、幸福の科学出版刊〕第2章参照）もう、そのとおりだよ。

それが、やがて来る世界だよね。トンボみたいに、自動車が空を飛ぶんだよ（会場笑）。横からピーンと羽が出て、ビューンと飛ぶ。これが未来だよ。そして、その先にあるものは、ずばり、それが、宇宙を航行できるようにすることですね。

航空機産業のところは、アメリカが抑《おさ》えているから、日本はまだ十分に発展できていないよね。しかし、自動車産業から、次は、航空機産業のほうに、ある程度、シフトをかけていかなければ、先行きの発展・未来性はないと思う。

それに、宇宙には、UFOがたくさん飛んでいるんですよ。だから、宇宙に向かい始めたら、人間ならざるもの、神秘的なものを、きっと感じるようになるよ。そうすると、その神秘に打たれて、「この世がすべてではないんだ」っていうことが、少しは分かるようになるかもしれないね。

まあ、「ものづくりをしているから唯物論になる」って言うんだったら、ちょっと考えを変えないといけないね。

いわゆる唯物論の世界っていうのは、ものがない世界なんですよ。旧ソ連もそうだし、毛沢東時代の中国もそうだし、北朝鮮もそうだけど、唯物論の左翼のところは、ものがなくて困るし、並ばなければ買えないね。配給制なので、ソーセージ一本を買うのにも、一時間も並ばなきゃいけない。需要《じゅよう》・供給の分からない官僚《かんりょう》なんかが生産量を決めてたら、まあ、そうなるよね。

だから、「ものが豊かになる世界が唯物論の世界だ」というように考えるのは、間違っていると思いますよ。ものの豊かさが、精神の豊かさや心のゆとりを生むほうに行かないかんですね。私はそう思うね。

トヨタは、ものづくりをしているかもしれないけれども、労組が唯物論のほうに行くんやったら、それは、ちょっと、叱らないかんね。

私の時代は、まだまだ信仰心がある時代でしたからね。だから、これは、いかんですよ。「メーカーが発展したら信仰心が薄《うす》れる」っちゅうのは、いかん。絶対いかんね。

もうちょっと精神性を高めないといけませんね。その精神性が、やはり、「国を発展させたい」という気持ちとつながってるんじゃないかな？　私はそう思いますけどね。

司会　はい。（Aに）いいですか。

A――　はい、ありがとうございます。今日、お話しいただいたことを、一人でも多くの方に、特にトヨタ労組の方にお伝えしていきたいと思います。

神様を信じなければ発明はできない

豊田佐吉　そう、トヨタ労組ね。まあ、「地獄に堕《お》ちたくなかったら、幸福実現党を応援しなさい。そうしたら、あなたがたの今までの宿業《しゅくごう》は消されて、天国に入れる。そして、豊田佐吉の講演会に来れるようになるぞ。地獄に行ったら、私の講演会は聴けんぞ」ということだわな。そういうことを、ちゃんと教えとかないといかんわ。

やっぱり、神様を信じなきゃ、発明なんてできませんよ！　基本はそこなんですよ。だって、インスピレーションちゅうのは、天上界《てんじょうかい》から来るものですからね。そして、未来に発明しなきゃいけないものを、天上界から、いち早く引いてきた企業が、メーカーとしても成功するんですよ。だから、神様のご加護《かご》が要《い》るんですよ。

私だって、経済界・経営界では、神様の一人なんです。今、松下幸之助《こうのすけ》さんと、どちらが偉《えら》いか競争しているところで、企業業績によって、上がったり下がったりするんです（会場笑）。

トヨタの業績がよくなったら、私のほうが上になり、悪くなったら、向こうが上になるようなところがあって、為替《かわせ》のように、この世と連動するところがあります。だから、赤字が続いたりすると、霊格《れいかく》が下がってくることもちょっとはあるんですけどね。

まあ、私は、経営界というか経済界では、神様の一人に入ってるから、信仰心を持つことを勧《すす》めるな。私は、地獄に行っている唯物論の指導者とは違うから、トヨタもそうであってほしいな。

司会　はい、ありがとうございました。

A――　ありがとうございました。

豊田佐吉の霊《れい》は、神様の一人として幸福実現党を応援《おうえん》している

豊田佐吉　私は、君らの考えと全然変わらないよ。やっぱり国防も大事だよ。すごく大事だよ。宇宙産業だけじゃない、国防もトヨタの仕事だよ。トヨタがやらんでどうする！　どこが戦うんだ！

北朝鮮や中国に負けないぐらいのものをつくらないかん。つくれるのは、トヨタですよ。トヨタがつくらなきゃ。世界最高の技術を持ってるところが、国防産業をやらないで、どうしますか！

まあ、言っちゃ悪いけどさあ、三菱《みつびし》重工だの、石川島だの、松下電器だの、そんなところで、つくれるわけがない。つくれるのは、トヨタですよ。トヨタがつくったら、そりゃあ、世界最強のものができる（会場拍手《はくしゅ》）。

防衛産業にも道を拓《ひら》くんだったら、トヨタの未来はまだまだ明るい。やっちゃ

いますよ。いやあ、もう、地球丸ごと防衛したるから。ねえ。だから、君たちの主張と私の考えは、もう、百パーセント一致《いっち》してるよ。うん。全く変わらない。

幸福実現党が嫌だったら、豊田党に名前を変えてもいいよ（会場笑）。豊田佐吉党って駄目かな？（会場笑） このへんしか流行《はや》らないかな？

坂本龍馬《りょうま》が応援《おうえん》団長っていうだけでは、ちょっと駄目なんじゃないか。応援団長は坂本龍馬でも、軍師は豊田佐吉とか。まあ、わしにも何《なに》かもらえんかな？何か役職はないんか。

司会　党首のほうに、考えていただくようにします。

豊田佐吉　何かないんかあ。応援する気、あるよ。

司会　ありがとうございます。

豊田佐吉　君らは正しいもの。言っていることは正しい。だから、私は、応援する気がある。

どんな肩書だったら、ええんやろなあ？　うーん、応援団長がいて、広報局長がいたら、いかんかあ？　うーん、なんだろうね。経団連……、いや、「霊界経《れいかいけい》団連会長」（会場笑）。

司会　それは、よろしいのではないでしょうか。

豊田佐吉　アハハハハハ。ハハハハハ。

トヨタは従業員が三十万人ぐらいいて、あと、子会社と関連の取引先があるから、まあ、百万票ぐらいは取れるんじゃないのか。

司会　そうですね。霊界で守護霊たちを啓蒙《けいもう》していただければ……。

豊田佐吉　うん、そうだね。百万票ぐらいは奉納《ほうのう》するように、しっかり言わないかんねえ。

司会　ぜひ、よろしくお願いいたします。

A――　よろしくお願いします。

豊田佐吉　うん。もう、トヨタの社員も運動しないとね（会場拍手）。

A――　よろしくお願いします。

豊田佐吉　まあ、しっかり頑張《がんば》ってくださいよ。

私は唯物論じゃないですよ。神様を信じてますから。神様がいなかったら、発明なんかできません！　だから、あなたがたの主張と全然変わりません。

応援します。強く、豊田佐吉が応援します！

応援団長は坂本龍馬だけじゃありません。あっちは商社のもとだろうから、流通業や（会場笑）。まあ、流通か取引だけど、こっちは、つくるほうですからね。

つくるほうは、私が指導しているので、私が日本の産業を引っ張ります！

まあ、ここ（幸福の科学）に、豊田佐吉の祈願《きがん》とか、何もないんと違うか。あるか？

司会　公案《こうあん》（『経営の本質・十箇条《かじょう》』特別公案研修）をいただいております。

豊田佐吉　公案がある？　そうか、あったか。

しかし、まあ、あまり流行《はや》ってないんじゃないか（会場笑）。よその人のは、よく聞くけどさあ。松下電器、いや、パナソニックか、それとか、ホンダとかのはよく聞くけど、トヨタのほうは、あまり聞かないような気がするんだがなあ。

ああ、そうか。もうちょっと、やらないかんなあ。

司会　そうでございますね。

豊田佐吉　こりゃ、祈願大祭をやらないかんね。

司会　はい。ぜひ、ご指導よろしくお願いいたします。

豊田佐吉　うん。頑張ってください。

A——　はい、ありがとうございます。

司会　それでは、質問者を替《か》わらせていただきます。

豊田佐吉　はい（会場拍手）。

4　「至誠《しせい》」について

（質問者Bが席につく）

豊田佐吉　あ、専門家だ。

B――　いや（笑）。

豊田佐吉　専門家だ。これは、うるさいぞ。

B――　非常に盛り上がったところで、質問者を替《か》わらせていただきます。

豊田佐吉　ああ。

B――　このような貴重な機会を賜《たまわ》り、本当にありがとうございます。

豊田佐吉　私は職人だからね、あんまり、いじめるんじゃないよ。

B――　私も、そういう分野の人間ですので。

豊田佐吉　近代経営学は知らないからな。いじめるんじゃないぞ。うーん。

B――　では、さっそく、質問させていただきます。
ご生前の話になりますが、豊田佐吉先生は、二宮尊徳翁《にのみやそんとくおう》を尊敬され、その思想をいろいろと学ばれていたことと思います。

豊田佐吉　うん、うん。

B――　特に、「私は『誠《まこと》』という一字が好きだ」というようなことを言われておられたと思います。

豊田佐吉　うん、うん。

B――　「誠」の意味については、なんとなく分かるのですが、もう少しご本人のほうからお話しいただければ……。

豊田佐吉　うーん。

B――　また、トヨタ系の会社には、それぞれ社是《しゃぜ》がございますが、だいたい、どの会社にも、「至誠《しせい》」という趣旨《しゅし》のことが入っております。

豊田佐吉　うん。

B――　この言葉に、やはり、強い思い入れがあるのではないかと思いますが、そのへんについて、何か思われるところを、分かりやすくお聴《き》かせいただけないでしょうか。

豊田佐吉　うーん。まあ、君、ちょっと古いんとちゃうか？（会場笑）

B――　バブル時代の人間でございます。

豊田佐吉　君、もうちょっと現代の問題に切り込《こ》まないと、コンサルタントとしては、あまり儲《もう》からんぞ（会場笑）。

B――　すみません。緊張《きんちょう》してしまい、自己紹介《しょうかい》を忘れましたけれども、以前、トヨタグループのデンソーに勤め、工場を担当しておりました。

豊田佐吉　ああ。

B――　今、言われましたけれども、三年ほど前に、コンサルタントとして独立いたしまして……。

豊田佐吉　ああ、そうだろ？

B――　本も一冊書きまして、今、「ユートピア企業《きぎょう》の支援《しえん》をさせていただく」ということを使命として、頑張《がんば》っております。

豊田佐吉　うーん。

B――　先ほどの「誠」ということですが、固いでしょうか（会場笑）。

豊田佐吉　君ね、そんな本を書いとったんでは、あまり売れんぞ（会場笑）。

B――　そうですか。

豊田佐吉　売れん。売れん。そりゃあ、一万部以上は売れんわ。

B――　出版社の方は、専門書としては、よく売れたほうではないかと……。

豊田佐吉　売れたほうだって？　ほんとかねえ。

B――　そう言っていただきましたが……。

豊田佐吉　だって、トヨタは買っとらんやろうが。ねえ？　買っとったら、そんなもんじゃなくて、まあ、何十万部も売れとらんといかんがね。

B――　そこは私の努力不足です。家内からもよく叱《しか》られています。すみません。

豊田佐吉　ああ。

B――　それでは、「ちょっと、古い」ということでしたので……。

豊田佐吉　ああ、古すぎるわ（会場笑）。君、もうちょっと、現代の人が訊《き》くようなことを、スパッと言いなさい。

5　会社の発展と信仰心《しんこうしん》の関係

B――　分かりました。それでは、次の質問をさせていただきます。いちおう、少し新しくなります（会場笑）。

豊田佐吉　うん。

B――「豊田綱領《とよだこうりょう》」というものがございます。

豊田佐吉　ハッ（笑）。それが新しいんかい？　おお、そうか。アッハッハッハ

（会場笑）。

B――　これは、豊田佐吉先生の後輩《こうはい》に当たる方々が、先生のご生前の考え方を整理し、遺訓《いくん》として五つにまとめたものです。

豊田佐吉　うーん。

B――　特に、私が感動しておりますのは、五番目の「神仏を尊崇《そんすう》し」という部分で、信仰心《しんこうしん》を非常に重要視しているところです。

豊田佐吉　うん、うん。

B――　ところが、グローバル化の影響《えいきょう》でしょうか、豊田綱領に替《か》わるものとして「トヨタ基本理念」がつくられたとき、この「信仰」というものが消えてしまったのです。

豊田佐吉　うーん。

B――　やはり、私は、経営におきましても、信仰は非常に重要なものだと思うのですが、この点について、どう思われるでしょうか。

今の経営幹部たちは創業者の真意がなかなか分からない

豊田佐吉　うーん、それねえ、まあ、困っとるんだよ。最近、松下幸之助《こうのすけ》さんと、よう話しとるんやけどさあ。あの人の霊言《れいげん》が出たびゃん（『松下幸之助 日本を叱《しか》る』〔幸福の科学出版刊〕）。ねえ？「豊田佐吉の霊言」は出てないけどさあ（会場笑）。いや、せがんでいるわけじゃないよ（会場笑）。ひがんでいるわけでもないけどね。いや、まあ、ひがんでるかな？（会場笑）

まあ、私のほうが先輩なんだけれども、松下さんのが出ていて、松下（パナソニック）の広報部は、いちおう嫌《いや》がっとるらしいや。

なんでか言うたら、幸之助さんの霊言のなかには、どうも、今のパナソニックを批判しているところが、ちょっと、あるらしいんや。

「松下電器っていう名前を変えおった。けしからん。わしの許可を得とらん」ちゅうわけや。「パナソニックってなんや？　そんな英語、知らんでえ」って言うとるんやなあ。だから、松下さんの考えには、宗教心がいっぱいあって、神様になりたいようなんだな。

松下さんは、本当は、「お客さんを〝信者〟にしてしまおう」と思ってたんや。〝信者〟にしてしまったら、離《はな》れんようになって、松下のものを買い続けるようになるからな。それで、松下さんは、「自分が〝神様〟になり、宗教に成り代わって松下電器への〝信仰〟を立たせ、松下のものを買わせ続ける」っていう戦略を立てたんだ。

今の人は、この戦略を知らんのや。それで、アメリカ型の経営手法をとってやってるから、社名を横文字にしてしまってなあ。松下さんは、カリカリ怒《おこ》っとるでえ。

今の経営幹部があまり納得してないのは、うち（トヨタ）も一緒《いっしょ》やろ？「神仏への信仰心なんて、今、言ったら、ケラケラッと笑われるんちゃうか」と思うて、恥《は》ずかしいに決まっとる。そういうことや。

だから、自信がないんや。ね？　そういうことでしょ！「隠《かく》すほうが格好ええ」と思うてるか、「お客さんが離れたらどうしようか」と思うとるんや。もう、それは命令して、「トヨタの自動車の前に、油揚《あぶらあ》げを奉《まつ》らんか」って言いたいぐらいや。まあ、油揚げはいかんかな？　これは、お稲荷《いなり》さんか。お稲荷さんは、ちょっと、まずいなあ。

しかしだな、自動車だって、みな交通安全のお守りぐらい、ぶら下げとるじゃないか。お祓《はら》いもするじゃないか、なあ？　そりゃあ、人命にかかわることやから、信仰心を失ったら、事故がたくさん起きるわな。悪霊《あくれい》に入られたら、どこで事故を起こすか分からんもんね。そりゃ、非常に大事なことやけども、「近代的なメーカーが、信仰心とか、宗教や神社のことを言うのは、格好が悪い」という世相があるわけや。

「それを見て、お客さんがひるむんとちゃうか」と思うたり、「高学歴の社員が入って、『こんなことを、今さら言うとるんかあ』みたいなことを言われるのは格好悪い」と思うたりしてるわけや。

松下さんとこで言やあ、「うちは、二股《ふたまた》ソケットから始まりまして」っていうのは、格好悪うて格好悪うて、もう隠したいぐらいなんや。「丁稚奉公《でっちぼうこう》して」っていうのは、まあ、偉人伝《いじんでん》なんだけど、「偉人伝は偉人伝で結構やけども、もう、よその会社のことにしてください」という感じになっとるわけや。

「大卒あるいは大学院卒がたくさん入ってくるときに、もう格好悪うて、そんな話できまへんわ」って、あっち（パナソニック）も言われてるけど、こっち（トヨタ）も事情は一緒や。会社が大きいなったら、みんな、そうやね。

外国帰りの人も、たくさん増えてくるだろ？　だから、トヨタの基本精神が失われていくわけ。「どのようにして踏《ふ》み倒《たお》していくか」っちゅうことに知恵《ちえ》を絞《しぼ》ってるとこやろうなあ。

あなたが、さっきから言うとる質問で言やあ、松下の社員は、「産業報国の精神とかいうのは、もう恥ずかしい」って言うわけだ。なあ？　みな、「これは戦前の考え方とちゃうか？」って言うんだよ。

うちにも、そういうところはあるけどねえ。

「信仰心がなかったら、会社の発展はない」

そりゃ、「会社で、宗教をやってるように見えるのが、格好悪いんだろうなあ」とは思うんだけど、基本的には、何ていうかなあ、うーん……。

わしが、創業者といえるかどうか、自動車の創業者ではないので、創業者といえるかどうか分からんけれども、まあ、「トヨタの祖」であることは間違《まちが》いない。

まあ、そういう信仰心に基づく、何ていうかな？　勤勉？　二宮《にのみや》先生のお話にもあったけどなあ、そういう……。「資本主義の精神」だよ。君ぃ！　やっと出てきた。わしは、この言葉を言いたかったんや。

要するに、「創業者は、資本主義の精神を持っとる」ということね。そして、資本主義の精神というのが、単に、この世の金儲《かねもう》けだけで終わったら、それはもう、天国も地獄《じごく》もないんや。それだけではな。その資本主義の精神が、「神様のために、この世を明るくし、よくするために、頑張《がんば》っとるんじゃ」というようになることが大事なんだな。

会社の幹部が何を考えとるかは知らんけど、今、就職してくる人たちのレベルは、さっき言ったぐらいなんやろ？　東大《とうだい》や名大《めいだい》を出た秀才《しゅうさい》たちがだいぶ来てるんやろうけど、学歴が上がりゃあ上がるほど、今はあまり信仰心がないんだな。だから、もう、本当に困ってるよ。これは、学校の教育が悪いからで、さっきの政党の続きで言えば、日教組《にっきょうそ》まで行くけどな。もう困っとるんだ。

日教組とかは、「日の丸」を否定し、「君が代」も否定し、「天皇制」も本当は否定している。彼らには、神様も仏様もありゃせんのだろう。「この世で、なんとか、うまく生き延びたらええ。授業は、できるだけ手ぇ抜《ぬ》いて、楽ができればええ」という考えやから、これは、カイゼンの考えから見ても、もう正反対やな。

まあ、今、「社是《しゃぜ》で信仰心を掲《かか》げる」っちゅうのは、ものすごく勇気の要《い》ることやろうから、なるべく引っ込めたいやろうなあとは思うけどな。

いや、もう、「豊田佐吉の霊言」を出すしかないで！　それ以外、方法はないわ。「豊田佐吉の霊言」を出して、本の扉《とびら》か帯のところに、「やっぱり信仰心が大事だ。これがなかったら、会社の発展はない」と、こう豊田佐吉の言葉を入れて、売らないかんやろうね。

ちょっと、引き締《し》めんといかんかもしらんな。ま、幹部に要求するのは、ちょっと無理はあるかもしらん。今は、どっちか言うたら、「個人個人の問題だ」と考える気《け》があるからね。「そうするのが現代的だ」と思うところがあるからね。

ただ、私みたいに、インスピレーションっちゅうか、ひらめきをたくさんもらっとった人間は、神様を非常に近く感じておったのよ。うん。そういうところは、あるわなあ。

いやあ、もう、やっぱり、幸福実現党や幸福の科学が言ってる方向に行かないかんよ。トヨタ労組は、もう、全部、幸福の科学に帰依《きえ》しなされ。それがいちばんや。それには、私の本を出すのが、いちばんええと思うけどなあ（会場笑）。うん、うん。

B――　ありがとうございます。

豊田佐吉　ああ、あなたは、何の話を訊《き》きたかったのか。まあ、あんた、歴史学者みたいになっとるね。

B――　「豊田綱領」の話をして（笑）。

豊田佐吉　歴史学者、歴史学者……。

B――　トヨタの名誉《めいよ》のために、少しお話しいたしますと、数年前、トヨタグループの歴史をまとめた『絆《きずな》』という本が出まして、その本の冒頭《ぼうとう》には、「豊田綱領」がきちんと掲載《けいさい》されていました。

ただ、今、豊田先生が言われましたように、霊言集を出して、とどめを刺《さ》していただきたいと思います。

豊田佐吉　いや、刺さないかんなあ。うん。

B――　ありがとうございます。

豊田佐吉　世界に出て、世界一の企業《きぎょう》になるためには、やっぱり、信仰心が必要や。「無宗教・無神論の企業が世界一になる」ちゅうのは、恥ずかしいことだよ。そんなの世界に通じません。先進国にも後進国にも通じません。ええ。北朝鮮《きたちょうせん》にしか売れない（会場笑）。こんなんじゃいかんですよ。あるいは、中国で売ろうと思って、引っ込めとんのかもしれないけど。

やっぱり、信仰心があるのが、世界標準で、今の日本がおかしい。アメリカの企業なんて、利益の一パーセントぐらいだっけ？　よく、宗教とか、慈善《じぜん》団体とか、NPOとかに寄付をして、活動を支えてるよな。そのように、しっかり儲けて、儲けた利益の一部を「分福《ぶんぷく》」していく気持ちかなあ。それは持っていないといかんと思うな。

トヨタが、利益を一兆円出したら、一兆円の一パーセントは百億円か？

B――　そうです。百億円です。

豊田佐吉　三パーセントだったら？

B――　三百億円です。

豊田佐吉　三百億円な。ま、このぐらいは寄付せないかんな。トヨタが一兆円利益をあげたら、まあ、三百億円ぐらいは幸福の科学に寄付すると。そのぐらいだったら、世界ナンバーワン企業として、不動の地位が築けるやろうなあ。それは、ご先祖様が願ってることや。ね？　そのようにして欲しいなあ。

B――　頑張ります。

豊田佐吉　うん。

6　トヨタのリコール問題を、どう見ているか

B――　それでは、三つ目の質問をさせていただいて、よろしいでしょうか。少し新しい話題です。

豊田佐吉　ちょっと新しい？（会場笑）

B――　だいぶ新しくなります。

豊田佐吉　あんた、戦前の人かい？（会場笑）

B――　いえ（笑）。

最近、アメリカで、トヨタ自動車のプリウスの品質問題がございました。

豊田佐吉　おおっ！　おう、おう。

B――　幸福の科学では、「トヨタ叩《たた》きの背景には、政治的な問題もある」（『勝《かっ》海舟《かいしゅう》の一刀両断！』〔大川隆法著、幸福の科学出版刊〕参照）とお教えいただいておりますが、新聞等では、トヨタ側の問題として、「急速な発展に、現地の品質管理が追いついていない」とか、「お客さまの声など、現場の情報が上に入っていない」とかいうことも報道されています。

トヨタは、グローバルに展開し、組織がどんどん大きくなる一方、トヨタウェイ（社員として共有すべき価値観や行動指針をまとめたもの）をつくり、遠心力と求心力のバランスを取るように努力してきたと思うのですが、そのへんのバランスの取り方について、アドバイス等があれば、お願いしたいと思います。

社長の勇気は認めるが、もう少し反論をしてほしかった

豊田佐吉　いやあ、やっぱり、それは、現地生産が増えとるから、ある意味で、日本の車でなくなってる部分があるんだよ。アメリカの車になってしまっているところがあって、思うようにいかないのさ。日本人が思ってるようにいかないところが、どうしても、あるんだなあ。だから、現地生産には、よし悪《あ》しの両方があるかなあ。

トヨタ精神を勉強して仕事をしている日本人と、まったく同じようにはいかんところが、どうしても、あるんだよ。だから、アメリカ型の考え方に対して、あ

る程度、受けて立たないかん。

それと、向こうは訴訟《そしょう》社会だから、何かあったら、クレームをパアッとつけてきて、ちっちゃいことでも、すぐに訴訟を打ってくるわなあ。

ちっちゃいことでも訴訟を打ってくるのは、まあ、普通《ふつう》にあることなんだよな。日本では、あまり、ないことだから、すぐ謝《あやま》っちゃうやろ？　日本では、すぐ謝ってしまう。しかし、アメリカでは、先に謝ってしまったら、訴訟では、負けるほうにすぐ行っちゃうね。

この前も、あれじゃないか。トヨタの社長が謝りに行ったんかな？　そうだね。まあ、勇気はあったと思うけどね。勇気はあったと思うけど、ちょっとだけ、ズレとるところはあったんかなあ。

向こうの場合は、ああやって、トップが謝る場合は、「本格的なミスがあったことを、はっきりと、百パーセント認めた」ということを意味するけども、日本の場合は、「礼儀《れいぎ》として、まず謝る」っていうのがあるよな。

しかし、トヨタの車は、あちらでは、もう、日本の車ではなくなっている面もあるんだ。アメ車になっとるわけや。だから、そのへんが、ちょっとだけズレとるような感じを、私は受けてるね。今度は、中国でたくさんつくれば、中国車になっていくんだろうけどね。

ただ、やっぱり、「郷《ごう》に入《い》っては郷に従え」で、いちおう、そこでの流儀があることはあるので、必ずしも、「日本でやるようなことを、そのままやればいい」というわけではないと思うな。

だから、私としては、ちょっとぐらい反論はしてほしかったな。

B――　そうですよね。

豊田佐吉　うん。

よし悪《あ》しを最終的に決めるのは、政府ではなく「ユーザー」である

B――　私も、少し、そのような気がしないでもなかったのです。やはり、政治的なものがあったのかと思います。

豊田佐吉　ま、いじめはあったとは……。

B――　いじめはあったと思います。

豊田佐吉　うん、いじめはあったと思うよ。いじめはあったと思う。普天間《ふてんま》で揉《も》めておったのでね。

B――　はい、普天間基地問題がありましたから。

豊田佐吉　たぶん、その代わりだろうと思うよ。「日本の景気を悪くするぐらい、簡単にできるんだよ」ということを教えてくれてるんだろうと思うけどね。

そういう意味では、企業《きぎょう》も、大きくなったら、政治性を帯びてくるのは大事なことだろう。

確かに、今、経済界は、「自民党から民主党に政権が移って、どこまで政治に踏《ふ》み込《こ》んでいいか」が分からない状況《じょうきょう》にあるんだよね。

まあ、民主党政権で、いいところがあるとしたら、「対中国で、商売が少しやりやすくなるかもしれない」っていうところが、あることはあるんだけど、「場合によっては、アメリカ市場のほうで、しっぺ返しが来る可能性がある」ということで、今ちょっと悩《なや》ましいところかな。

しかし、基本は、自由市場経済を認める社会を肯定《こうてい》するような思想に乗らないと、やはり、会社としての発展・繁栄《はんえい》は難しいんじゃないかと思うな。

まあ、今回の問題は、やや引っ掛《か》けもあったし、裏でやや策略もあったような感じはする。「アメリカに行って謝罪をしたのは誠実だ」という言い方も、もちろん、あるとは思うけれども、国民性の違《ちが》いが少しあったかな。

例えば、日本でアメリカ車が欠陥《けっかん》を出したからといって、向こうの社長が来て、日本で謝るようなことは、そう簡単には、しないだろうね。いちおう、結論が出るところまではディベートをする社会だから、このへんが、ちょっとだけ違ったのかなあ。

うーん……、ただ、今、乗り越《こ》えていきつつあると思うよ。乗り越えて、また盛り返してきていると思う。「いいものか、どうか」は、最終的には、ユーザーが決めるんであって、政府が決めるわけじゃない。そうは言っても、やはり、トヨタ車を選ぶ人は、アメリカにも多いですからね。

まあ、「ライバル多し」というところかな。もし、ほかのライバル会社の人が、トヨタ車を買って、「欠陥がある」とか言ってたのであれば、どうしようもないですからねえ。勝手に転んだのに、「事故が起きた」とか言うような、言いたい放題の国なんですよ、アメリカは。

自分が肥満になったら、マクドナルドを訴《うった》えるような国なんでしょう？「マクドナルドのカロリーが高すぎるから、こんなに太ったんだ」と。それは、食べたほうが悪いんだと私は思うけど、「マクドナルドのカロリーが高すぎるために、肥満になり、糖尿病《とうにょうびょう》になった」と言って、損害賠償《ばいしょう》を要求するんでしょう？

聞けば、「泥棒《どろぼう》が、家に入ろうとして屋根に登ったら、屋根が壊《こわ》れて落ちてしまい、怪我《けが》をした。そこで、裁判で屋根をつくったメーカーを訴えたら、勝った」とか（会場笑）。「それがアメリカだ」っちゅうんだからね。「泥棒が落ちないような、立派な屋根をつくりなさい」という、目茶苦茶な判決が下りる国らしいじゃないですか（会場笑）。だから、普通ではないところはあるのでね。

それは、たぶん、ゲームなんだよ。言論ゲームであって、相互《そうご》に意見をぶつけて、「どちらが説得力があるか」っていうのを判定してもらうゲームなんだ。それなのに、最初から、あっさり負けを認めてしまったら、「ゲームが終わってしまう」っちゅうことやろうなあ。だから、日本と同じようには、いかんかもしらんな。

7　創業者が示す「トヨタの未来ビジョン」

豊田佐吉　何《なん》か、ほかにもあったか？

司会　お時間となりましたので、そろそろと思っております。

豊田佐吉　あんた、商売のネタ、足りんのやろ？

B――　もう二つ。

豊田佐吉　二つ？

司会　いや、二問は、時間的に厳しいので。

B――　では、一つ。

司会　それでは、最後、簡単な質問を一問だけお願いします。

B――　分かりました。

今、トヨタの社長は、直系の章男《あきお》氏がされております。先ほど、空飛ぶ自動車のお話も出ましたが、豊田佐吉先生は、日本を代表するメーカーとして、トヨタは、どういう方向を目指すべきとお考えでしょうか。

豊田佐吉　今ね、ちょっと苦しいみたいなんだよ。さっき、松下（現パナソニック）の話をしたけどさあ、松下でも、松下家は追い出されちゃったけども、「トヨタ」は、長年、優良企業《きぎょう》であったので、トヨタの名前を護《まも》ってこれたんだ。しかし、ちょっと苦しいようだね。

今、社内力学で、少し苦しいところにあるようで、未来戦略がなかなか描《えが》けないでいるような状態かな。内部のほうに、そうとう、エネルギーのロスがあるように見えるね。

だから、正直に言って、未来産業まで考えるだけの、心の余裕《よゆう》は持っていない状況《じょうきょう》かな？　そのように見えるし、ここも一歩誤れば、脱《だつ》・豊田家を目指されるおそれが十分にある。もう、そういう規模になってるので、薄氷《はくひょう》を踏《ふ》む思いでやっている。「非常に危ない」という気持ちを持っているようだね。

代々、ある程度、優秀《ゆうしゅう》な者が出たので、うまくやってきたんだけども、そろそろ曲がり角に来たように思う。

今の社長に、未来産業を打ち出すところまでの力は、残念ながら……、ちょっと厳しいかな。

中国やアメリカあたりと、うまくやっていくことぐらいまでしか描《えが》いていないと思うので、それは、きっと、次の世代にバトンタッチすることになるんだろうと思うね。

ただ、もう、自動車会社という枠《わく》は超《こ》えなければいけないと私は思う。要するに、何ていうのかなあ……、「空間移動サービス」っていうのが、新しい事業の目標でなきゃいけないかな。「人やものを乗せて、空間を移動するサービスをつくり出す」、そういうメーカーを目指さなきゃいけない。

「自動車」という箱があって、「四輪車が走っている」というコンセプトは、もう卒業であり、そういう形に関係なく、「空間を移動するサービス」という方向で、あらゆる展開をしていかなければ、未来はないと思うな。

今の社長に、そこまで言うのは、ちょっと苦しいかな。実は今、心がかなり傷ついていて、揺《ゆ》れていて、宗教に救いや助けを求めたいぐらいの気持ちがあるかな。大きな会社だから、責任はけっこう重いんですよ。うん。

だけど、将来的には、「車」を超えなければいけないね。「車」という発想を超えなければ、先ほど聴《き》いてた話のように、〝駕籠《かご》かき〟から〝鉄道〟へと移っていくのに乗りそこねることになる（第1章参照）。

だから、もっと違《ちが》ったコンセプトでいかないといけない。トヨタが宇宙ステーションを組み立てるような時代だって、来なきゃいけないわけです。会社の概念《がいねん》に、そこまで入っていなければいけないと思うんですね。

空間を移動する、あらゆる手段に関して、会社の概念を広げていくことが大事だね。うん。

司会　はい、ありがとうございました。豊田佐吉先生のご指導を受けながら、私たち幸福の科学も、世界一の宗教を目指してまいりたいと思います。

B──　ありがとうございました。

大川隆法　（豊田佐吉に）はい、ありがとうございました。

第二部

二〇一〇年六月二十八日
東京都・幸福の科学 東京南部支部精舎にて

第3章

未来へのイノベーション

1 「ソニー創立者の霊言《れいげん》」を録《と》るに当たって

こんにちは。

まことに急ではありましたが、今朝四時半に、「ソニー創立者の霊言《れいげん》の収録を行う」という指示を出したので、関係者はみな、明け方に叩《たた》き起こされ、急に準備が始まった状態でした。

一昨日《おととい》には、大阪正心館《おおさかしょうしんかん》で、『ドラッカー霊言による「国家と経営」』（幸福の科学出版刊）の講義と、「ドラッカーの霊言」の収録を行いました。

また、昨日《きのう》は、名古屋へ行き、『未来創造の経済学』の講義を行いました。ただ、「聴衆《ちょうしゅう》は中部経済のほうに関心があるだろう」と思ったので、講義のほうは簡単に済ませ、〝特別サービス〟として、「豊田佐吉《とよださきち》の霊言」を対話形式で行ったのです（第２章）。

そして、東京に帰ってきたのですが、「そういえば、当会の総合本部がある品川区には、ソニーという大きな会社があるが、そこの創立者の霊言をまだ出していない」ということが、非常に気になってき始めました。

「やや遅《おそ》きに失《しっ》したかもしれないが、ソニーも、やはり〝門前町《もんぜんまち》〟の一部になっていただいたほうがよい。ソニーの社員が、幸福の科学に関心というか、親近感を持っていただけるとよい」と思い、「創立者の霊言を、一回、出してあげないといけないのではないか」と考えたのです。

当会は、以前の松下電器、つまりパナソニックだけから、ものを買っているかと思われると（会場笑）いけないので、やはり、そのへんのバランス感覚が要《い》るのではないかと思います。

そこで、今日は、『未来創造の経済学』について簡単に講義をした上で、ソニー創立者の公開霊言を行います。

二人の創立者のうち、盛田昭夫さんのほうが、おそらく、外交や販売《はんばい》など、いろいろなことに詳《くわ》しいと思うので、適切ではないかと考えます。

盛田さんをお呼びして、万一《まんいつ》うまくいかなかったときには、もう一人の創立者であり共同経営者だった、井深大《いぶかまさる》さんのほうでも構わないと思います。井深さんのほうは、かなり超能力《ちょうのうりょく》に関心があった人です。

ただ、盛田さんは、たぶん、よくしゃべる人ではないかと（笑）推定しているので、大丈夫《だいじょうぶ》だとは思います。

2　三人の経済学者の思想的特徴《とくちょう》

「政府の役割」で対立したハイエクとケインズ

では、簡単ではありますが、『未来創造の経済学』の解説をします。

ハイエクとケインズ、シュンペーターの霊言《れいげん》が収録されています。「ケインズの名前ぐらいは少し聞いたことがある」という人はいると思いますが、ハイエクとシュンペーターについては、経済学が専門でなければ、「それほど知らない」という人も多いかと思います。

ケインズは、「政府が、大きな公共投資等の不況《ふきょう》対策を打てば、失業対策になるし、景気も持ち直す」という考えの人です。戦後、このケインズ経済学はわりに多用されました。

ハイエクは、ケインズと同時代人ではありますが、どちらかというと、アダム・スミスの流れを汲《く》み、「政府の介入《かいにゅう》は少ないほどよい。やはり、企業《きぎょう》に自由の領域を増やしたほうがよい」という考えの人でした。

二十世紀の前半には、第一次世界大戦と第二次世界大戦という、大きな戦争が二つもあり、また、世界大恐慌《だいきょうこう》もありました。そのような状況下で、ケインズ政策がわりに成功したこともあって、ケインズ経済学が一世を風靡《ふうび》し、ハイエクはしばらく忘れ去られていたこともあります。

しかし、その後、どの国も「大きな政府」になり、財政赤字が拡大して福祉《ふくし》国家のようになってくると、ハイエクが見直されてきました。サッチャー時代のイギリスや、レーガン時代のアメリカあたりから見直され始め、今では、「その自由の経済学が、二十一世紀の経済学になるのではないか」と言われています。

また、マネタリストという、「通貨の供給量によって経済をかなり左右できる」という考えの人たちも出てきましたが、そちらのほうにも、ハイエクは影響《えいきょう》を与《あた》えています。

「イノベーション」や「起業家精神」を重視したシュンペーター

一方、ケインズとまったく同世代の経済学者に、シュンペーターという人がいます。この人も間違《まちが》いなく天才です。二十五歳《さい》ぐらいで書いた経済学の本が主著と言われていて、けっこう厚い本ですが、いまだに世界で読まれています。

このシュンペーターは、私もわりに好きなのですが、「イノベーション」や「起業家精神」を非常に大事にする人であり、「起業家は現代の英雄《えいゆう》である」という考え方をしています。

その意味で、この人は、マルクス主義の反対側にある人です。ハイエクも、マルクス主義の反対側にある人ですが、このシュンペーターもそうです。

そして、シュンペーターは、霊言のなかで、「起業家は戦国武将《ぶしょう》のような存在である」と言っています。戦国時代には、力のある武将が出てくると、『国盗《くにと》り物語』のように、支配領域が広がり、国が大きくなっていきました。現代では、そういう戦《いくさ》はありませんが、同じように、力のある人の下《もと》では、企業が大きくなっていくのです。

そのため、シュンペーターは、「イノベーションあるいは起業家精神が非常に大事である」と考えるわけです。これには私も大賛成です。

そして、起業家精神を発揮するためには、やはり、政府による縛《しば》り・規制等は、できるだけ少ないほうがよいのです。あまり統制ばかりかけていると、起業家精神は死んでいきます。例えば、戦時下の統制経済では、新しい企業など起こしようがなく、国策企業しかありえませんでした。

社会主義、共産主義のほうに向かっていくと、全部が国営企業になっていき、誰もが公務員になってしまいます。その結果、創意工夫がなくなります。それで国が豊かになるのならよいのですが、やはり、人々は働かなくなるので、「貧しさの平等」が実現してしまいます。残念ながら、「豊かさの平等」は実現しないのです。

豊かになろうとしたら、やはり、創意工夫をし、新しい価値を生み出さなくてはいけません。そのためには、智慧《ちえ》を出し、汗《あせ》を流さなくてはいけないのです。豊かさの平等を求めても、その実現には、なかなか難しいものがあります。

実際、「豊かになった者からお金を取り、所得の再分配をして、貧しい人に撒《ま》いていく」ということをやっていくと、だんだん、その豊かになった人たちの勤労意欲が衰《おとろ》えてきます。一方、貧しい人のほうも、そういうシステムが完備すると、今度は、「勤勉になって、自分も、あのような成功者になろう」とは思わなくなり、それに飼いならされてくる傾向《けいこう》があるわけです。

民主主義の最大の欠陥《けっかん》の一つは、バラマキ型の政策を訴えた政党が、選挙では非常に強くなるため、バラマキがやまないことです。そのため、主要国は、ほとんどが財政赤字になっていくのです。

優《やさ》しい心でもって、「みなを楽にしたい」という気持ちを持つことは、宗教においても十分に理解できるのですが、結局、「国自体が豊かにならなければ、国民すべてが豊かになっていくことは難しい」ということなのです。

したがって、シュンペーター的な考え方を忘れてはいけないと思います。

イノベーションの方法は「異質なものの結合」か「体系的廃棄《はいき》」

イノベーションの方法として、シュンペーターは、「異質なものの結合」ということを言い、「異質なものを結びつけることによって、新しいものができる」

ということを非常に重視しています。

一方、経営学の父といわれているピーター・ドラッカーは、「体系的廃棄《はいき》」ということを重視しています。

ドラッカーは、「『異質なものの結合』という考えもあるが、今までのやり方を体系的に廃棄することも大事である。今までのやり方をシステム的にスパッと捨てて、新しいものを始めなくてはいけない。何かを新しくするのではなく、今までのやり方を体系的に捨てていく。捨てるべきものをシステム的にズバッと捨てなければ、新しくなっていかない」と言っています。

要するに脱皮《だっぴ》です。「蛇《へび》が脱皮するように、蟬《せみ》が殻《から》を脱《ぬ》ぐように、さなぎが皮を破って蝶《ちょう》になるように、今までのスタイルを捨てなければ、やはり、イノベーション、革新というものは起きないのだ」という考えです。

ドラッカーは、そういうことを言っているのです。

どちらも大家《たいか》の意見であり、そういう考え方が大事であると思います。

役所主導型ではイノベーションが起きにくい

日本には、明治以降、幾《いく》つか財閥《ざいばつ》ができました。第二次世界大戦後も、いろいろな企業ができ、そのなかから、大きな企業もたくさんできてきて、雇用《こよう》を生み、日本のＧＤＰを押《お》し上げてきました。そのエネルギーは、やはり大したものだと私は思います。

また、官民が一体になって、「日本を復興しよう」という気持ちも強かったと思います。

ところが、日本は、もう今では高原状態になっており、あとは衰退《すいたい》していくしかないのでしょうか。

菅《かん》首相は、「昔の復興期には高度成長がありえたが、今のような時代には、そういうことはない。低成長で我慢《がまん》し、不幸なところだけを取り除いていけば、政治の仕事は終わりである」というような考えを述べつつ、その反面、「大きな政府」「大きな税金」「国家権力の介入」を目指しているように見えるところもあります。このへんについて、考え方を整理しなければいけないと思います。

とにかく、役所主導型になると、「イノベーションがどうしても起きにくい」という点があります。

その意味で、今、日本は、国家的な岐路《きろ》に立っていると思います。もう一段、成長に入っていく道を選ぶのか。それとも、このへんで満足し、「だいたい、この程度でよいのではないか」という考えでいくのか。この選択《せんたく》を迫《せま》られているのです。

今の政府を見ていると、どうやらスウェーデン型の福祉国家を目指しているようです。高齢《こうれい》人口が増えるので、そういう面でのニーズがないわけではないのですが、スウェーデンそのものは、人口も経済も神奈川県《かながわけん》ぐらいの規模です。「神奈川県規模の国の運営で、うまくいっているからといって、その国を日本の目標にしてよいのか」ということは、やはり、一つの論点としてあります。

日本は、その段階を、とうに通り過ぎています。元へ戻《もど》ろうとしているので、時代に逆行するかたちになるかもしれません。

3　老人人口の増加に、どう対応するか

「高福祉《こうふくし》、高負担」では若い人から高齢者《こうれいしゃ》が嫌《きら》われる

それから、「高福祉《こうふくし》、高負担」ということであれば、老人人口が増えても、誰《だれ》もが幸福になるように見えなくもありませんが、下手をすれば、すなわち、やり

方を間違《まちが》えれば、ある意味で、「お年寄りが大事にされない社会」ができる可能性も高いのです。私は、そのことも警告しています。

日本では、すでに宗教性が落ちていて、先祖供養の習慣や、感謝の心、報恩の心が薄《うす》れています。そういう国情のなかで、若い人一人が高齢者《こうれいしゃ》一人を養わなくてはいけないような時代がもうすぐやってくるわけですが、そうなると、お年寄りは嫌《きら》われるに決まっています。

お年寄りが嫌われないようにするためには、よほど、思想的な護《まも》りがなければ無理でしょう。そういうものがなければ、お年寄りはだんだん邪険《じゃけん》に扱《あつか》われ始めると思います。ゆえに、「若い人の経済的な負担を重くすれば、高齢者が幸福になる」とは必ずしも言えないわけです。

できれば、高齢者が働き続けられる社会を構築しなくてはいけないし、そのためには、高齢者のできる仕事を増やしていくことを考えなくてはいけないと、私は思っています。

やはり、〝自分の足で立てる〟というのは、かなり大事なことであり、平均的な人であれば、七十五歳《さい》ぐらいまでは現役で働ける社会にシフトしていかなくてはなりません。

今の六十歳の人は、けっこう元気なので、「六十歳になると定年で辞《や》めてもらう」というのは無理な話です。「六十歳で会社を辞めてもらい、その後は国家が面倒《めんどう》を見る」というのは、絶対に破綻《はたん》する考えです。そんなことは無理なのです。

やはり、「働ける人は働く」ということが大事です。どうしても働けない人については、もちろん、面倒を見なくてはいけませんが、まだ働ける高齢者のためには、高齢産業を起こさなくてはいけないのです。

高齢者の仕事を増やすための考え方とは

今日、このあとの霊言《れいげん》で話が出るかもしれませんが、高齢者が働きにくくなっている理由の一つとして、ある意味で、「メカ、機械のたぐいが非常に進化している」ということがあります。

実は、年を取っている人は、次々と出てくる新しい機械に対応ができません。若い人には使いやすくても、高齢者には使いづらいのです。そのため、「会社で使えない」というかたちにされやすいわけです。

しかし、それを、そのままで放置してはいけません。考え方としては、二つあります。

一つは、「高齢者でも使えるような分かりやすい機械を、次々とつくっていく」ということです。

その意味で、高齢者が働きやすくなるための機械を発明していく産業がありえます。今は、機械のマーケットにおいては、だいたい、若い人がターゲットになっています。新しいソフトを含《ふく》んだ機械としては、若い人なら、いくらでも使えるようなものばかりがつくられており、そういうものが売れているわけです。しかし、次には、「高齢者が仕事をしやすくなるための機械」というマーケットが一つあるのです。

もう一つは、「機械がなくてもできる仕事を、つくらなければいけない」ということです。これができれば、七十五歳ぐらいまでは、平気で現役で働けるような、一定の世界をつくることができます。あるいは、七十五歳を超えても、個人的な経験や知識のベースがある人は、仕事を続けられるような世界をつくることができます。

今の政府のように、「税金の負担を重くしないと大変なことになるので、もう増税ですよ」ということを繰《く》り返し言っていたら、まもなく、若い人は国外脱出《だっしゅつ》をし始めるでしょう。

しかし、高齢者のできる仕事が増えれば、そういう未来を避《さ》けることも可能になりますし、若い人の負担が軽くなっていくのであれば、若い人は若い人なりに、「では、もう少し大きい企業《きぎょう》をつくろう。頑張《がんば》ってみよう」と思うような時代も来ると思うのです。

そのように、枠組《わくぐ》みを変えていかなくてはならない時代が、今、来ているのではないかと思います。

今、BS11《イレブン》で放映している「未来ビジョン 元気出せ！ ニッポン！」というテレビ番組は、当会が提供し、製作しているものです。その番組では、高齢者に取材し、「本来、百貨店は定年が六十歳なのですが、私は六十歳になってもまだ働いています」というような人を紹介《しょうかい》していました。また、その番組の司会者も実は六十歳を超えているのです。

このように、六十歳を超えてもまだまだ働けます。知識と経験の要《い》る職業であれば、高齢者であってもまだまだ働けるのです。

そういう年齢で定年にするのは一種の差別です。その考え方は、もう体系的廃《はい》棄《き》をしなくてはならないと思います。

年を取ればこそできる仕事もあります。特に、人を教えるような仕事の場合には、価値を生むことが多いでしょう。

そのような新しい発想で対応していかなくてはならないと考えています。

以上が前置きです。

第4章

ソニー創立者・盛田《もりた》昭夫《あきお》との対話

盛田昭夫《もりたあきお》（一九二一～一九九九）

実業家。ソニー創立者の一人。一九四六年に井深大《いぶかまさる》とともに東京通信工業（ソニーの前身）を設立。初の国産テープレコーダーやトランジスタラジオ、世界中で大ヒットしたウォークマンなど、独創的な製品を次々と世に送り、ソニーを世界的企業《きぎょう》へと成長させた。その実績は海外でも高く評価され、米紙『タイム』において、二十世紀に最も影響《えいきょう》力《りょく》があった経済人の一人に選ばれている。

［質問者二名は、それぞれC・Dと表記］

1　ソニー創立者・盛田昭夫を招霊《しょうれい》する

大川隆法　ソニーという会社は、今日の講義のテキストである『未来創造の経済学』という書名と、非常に合った会社です。その会社の創立者に、一言、アドバイスをいただきたいと思います。

幸福実現党の幹部に質問者になってもらいますが、おほめをいただくか、お叱《しか》りを受けるか、それは知りません（会場笑）。私は、一切《いっさい》、責任を持ちません（笑）。

言論は自由なので、叱られたら、頑張《がんば》って説得に努めてもらうしかありません。創立者を説得できたら、社員のほうも従うかもしれないので、しっかり頑張ってほしいものだと思います。

ソニーの創立者は、おそらく世界的な視野を持っていることでしょう。

では、行きましょうか。

（三回、深呼吸をする）

ソニーの創立者・盛田昭夫さん、ソニーの創立者・盛田昭夫さん、願わくは、幸福の科学に降りたまいて、われらに、この国のあるべき姿、この国の経済のあるべき姿、われらの努力すべき方向、世界のあるべき姿について、御教《みおし》えを垂れたまえ。

ソニー創立者・盛田昭夫さん、どうぞ、われらを指導したまえ。

盛田昭夫さん、よろしくお願いいたします。

（約三十秒間の沈黙《ちんもく》）

盛田昭夫　ああ、盛田です。

C――　盛田昭夫先生。

盛田昭夫　うーん。

C――　このたびは、直接、ご指導を賜《たまわ》れる機会をいただきましたことに、心より感謝申し上げます。

盛田昭夫　初めてだねえ。

C――　はい。

盛田昭夫　こんな珍《めずら》しいことがあるのか。うーん。井深《いぶか》さんが研究していた「超能力《ちょうのうりょく》」も、まんざら嘘《うそ》じゃないなあ（会場笑）。「晩年、おかしくなったか」とちょっと思ったがなあ。彼は「超能力研究」をやっていて、社員もみな、「あの人は、ちょっと行《い》っちゃったな」「ボケたな」と言っていたんだけれども、やっぱり、こんな世界があるんだなあ。

C――　はい。

盛田昭夫　はあ。やっぱりあるんだ。

C――　はい。

盛田昭夫　いや、認めるよ。ソニーという会社は、別に信仰心《しんこうしん》のない会社ではないし、あの世も否定してない。超能力も認めている会社だからね。幸福の科学とは近所だしね。何も差別していないよ。製品を買ってくれるんだったら、応援《おうえん》するよ（会場笑）。

C――　はい。ありがとうございます。

2 熱意こそが人を動かす

C――　私は幸福実現党の……。

盛田昭夫　あ、声がかれてるね、君。

C――　あ、はい。この夏の参院選に東京選挙区より立候補させていただきます(収録当時)。

盛田昭夫　ああ、そう。真っ黒になって……。

Ｃ――　はい。毎日、街宣をさせていただいております。

盛田昭夫　ああ、それは大変だなあ。

Ｃ――　この日本に、再び発展・繁栄《はんえい》の時代をつくりたいと思って頑張《がんば》っています。

盛田昭夫　それだったら、そのしわがれた声を普通《ふつう》に戻《もど》す機械を発明しないといけないな。「マイクを通すと、元の声が出るようになる」とかね。これは、誰《だれ》かに言っておかないといけない。これはニーズがあるな。

うーん。かわいそうになあ。頑張れ！

C――　はい。頑張ります。ありがとうございます。

ところで、本日、ぜひ、お伺《うかが》いしたいことが幾《いく》つかございます。

盛田昭夫　うん。

C――　盛田先生が井深《いぶか》先生と一緒《いっしょ》に創業されました、世界的大企業《だいきぎょう》のソニーは、ウォークマンをはじめとした大ヒット商品を発売し、「世界の人々のライフスタイルを変える」という大きなイノベーションを起こしました。

また、この日本におきましては、戦後、何《なん》にもない焼け野原の……。

盛田昭夫　あ、君ね、苦しそうだから、そんなに長く言わなくてもいいから。

C――　あ、そうですか。

盛田昭夫　手短に訊《き》きたいことを言ったほうがいいな。お世辞は言わなくていいからさ。

C――　はい。ありがとうございます。

盛田昭夫　かわいそうに……。みんなが気の毒に思うだろうからね。

C――　はい。さて、日本の高度成長を実現する原動力の一つが、ソニーでした。ただ、今、日本という国は、ものづくり精神といいますか、「ものづくり国家」

としての力が衰退《すいたい》してきていると感じます。特に、お隣《となり》の中国やアジアの新興諸国に、「技術立国」の立場を取られようとしていると思います。

盛田先生は、天上界《てんじょうかい》から、そういった現状をご覧になられて、どのように感じておられるのでしょうか。

起業家精神を別な言葉で言えば「ビー・ポジティブ《Be positive》」

盛田昭夫　君たちは、あれだろ？　「ビー・ポジティブ」と言っているんじゃないか。

私も下手な英語で、ずいぶん世界を飛び回ったんだけれども、ビー・ポジティブなんだよ。積極思考がないと、やはり駄目《だめ》だ。起業家精神を別な言葉で言えばビー・ポジティブなんだよ。

ネガティブだったら、何をやったって、全然、成功しないさ。ポジティブであれば、どこの国の人であろうと、どんな民族の人であろうと、後れて始まろうと、やがて大きくなって追いつき、のし上がってくるんだよ。

ソニーも、今は、世界中で知られているし、アメリカの会社のように言われている。アメリカ人のなかには、「ソニーはアメリカの会社だ」と思っている人がいっぱいいるよ。名前が英語だからね。

しかし、元は木造二階建てのぼろっちいところから始まっているんだ。それで、一代で大きく、一代というか、二人いるから、一代と言っていいかどうか……。二代か？　やっぱり一代かな？　まあ、そうしたところから始めて、巨大《きょだい》になったからさ。

君らも、今、苦労していると思うんだ。いや、僕《ぼく》はね、今日、幸福実現党の人が質問されると聞いてね、本当に慰《なぐさ》めてあげようと思って来たんだよ。いやあ、最初は大変なんですよ。創業期というのは、どこもみな大変でね。一般《いっぱん》に、成功の要因が何もないように見えるものなんだよ。

われわれも、戦後の焼け野原のなかから始めたからね。もう、なーんにもないよ。技術だって、無線か何かの〝親戚《しんせき》〟のようなものから始めたんだ。それが、こんなにいろいろなことができる世界的な企業になるなんて、夢にも思わなかったねえ。

昔は、早い話が、トランジスタのセールスマンみたいなスタイルだったよ。まあ、「ソニースピリット」とか、言い方はいろいろとあろうかと思うけれども、基本的には、ビー・ポジティブだな。やっぱり、積極的なものの考え方で発展を目指すことだ。

それと、新規なことというか、新しいことに関心を持ち続けることだね。同じことばかりやっていては駄目で、常に新しいものに関心を持ち、アンテナを張ることだ。

新しい人に会う。新しい商品に関心を持つ。新しい所に旅行する。新しい場所に行ってみる。新しい商品をいろいろと調査したり、新しいビジネスチャンスを探す。そういう「好奇心《こうきしん》の塊《かたまり》」かな。

「好奇心の塊」と「ビー・ポジティブの精神」が重なれば、起業家として必ず大きくなるんだよ。

「世界最高品質である」と信じよ

そういう探究心というのが非常に大事だけれども、あとは、やはり、ビー・ポジティブだね。

ソニーは、一般に技術の会社だと思われていて、松下がね……、松下じゃなくて、今はパナソニックか。そのパナソニックが販売《はんばい》の会社だと思われているんだが、実際は、ソニーは販売が強いんだよ。ソニーは販売の会社なんだ。

どちらかといえば、私のほうが販売を担当していたんだけれども、やはり、「売り込《こ》む情熱」なんだよね。それが大きくする原動力だ。これは、宗教でも、まったく同じなんだよ。

言い方を少し間違《まちが》うと、非常に誤解を生むんだけれども、「いかにして世界最高の製品であることを相手に信じさせるか」ということが、世界企業をつくるポイントなんだ。「いかにソニーの製品が世界最高であるか。最高品質であるか」ということを信じさせる。

決して、霊感《れいかん》商法ではないけれども、「相手をとことん信じさせる」というか、相手を落としてしまわなければいけないんだよ。そこまで押《お》し込まなければいけない。

だから、君らが宗教で伝道しようと、政党で選挙活動しようと、結局は同じだろうと僕は思うよ。やはり、熱意を持って相手を説得しなければいけないし、

「世界最高品質のものを売り込んでいる」と信じなければ駄目だ。そうしなければ販売はできない。要するに、あなたは、〝世界最高品質の候補者〟なんだよ。そう思わなければ戦えないよ。そうなんだよ。

君は新聞社にいたんだろう？　朝日新聞なんて、あんなぼろっちい会社にはとてもいられないから、飛び出してきたんだね。そして、世界の指導者になりたくて、今、政界に身を投じようとしているわけだ。

「あんな、横文字ではない、縦文字の日本語ばかりで記事を書いているような仕事は、もう、ばかばかしくてやっていられない。世界の指導者と握手《あくしゅ》して、交渉《こうしょう》がしたい。菅《かん》さんみたいに英語がしゃべれなくて、一人ポツンとはぐれるような外交はしたくない！（会場笑）やはり、世界で活躍《かつやく》したい」ということだろう？　まあ、これが原点だよな。

「日本語の新聞なんて、もう、ばかばかしくてやっていられない。世界に雄飛《ゆうひ》する。幸福の科学が世界宗教を目指すように、幸福実現党は世界を目指す。そのために、今、世界最高品質の人材を送り込んでいるんだ」

こういうことを自分で納得し、売り込み続けなければいけない。

松下さんも、「松下電器はものをつくるところではなく、まず人をつくるところです」とよく言っていたけれども、まあ、「半分は詭弁《きべん》だ」と私は思うね。ただ、半分は詭弁だが、半分は当たっているんだよ。

どこの製品も、そんなに大して変わりはしないんだ。ライバル社はたくさんあるから、どこの製品を使おうとも、それは好みの問題であることは間違いない。

しかし、好みの問題なんだけれども、勧《すす》めてくる相手の人格に影響《えいきょう》を受けるんだよ。つまり、熱心な人に勧められたら、買ってしまうし、「買い続けてください」とお願いされたら、買い続けてしまうよね。相手のファンになってしまったら、やはり、そうする。

そういう意味では、営業力というのは無視できないものだよ。最高のサービス、最高の営業を続けるというのは、大事だよなあ。

政治も、基本的には大きく変わりはしない。成功する人は、何をやっても同じさ。何をやっても成功するんだよ。

君、ここは宗教なんだから、毎日、夜寝《ね》る前に、「自分は最高品質の政治家だ」と瞑想《めいそう》しなければいけないんだ。「俺《おれ》は最高品質の人間なんだ。世界最高品質だ。俺を選ばないような、そんなばかな東京都民がいるわけがない」と。

こういう感じで瞑想して、言葉に力を込めなければいけないな。

とにかく〝自家発電〟して熱意を示せ

声をからすだけが能じゃないんだよ。やはり、言葉の切れが大事なんだ。そして、声が出なくなったら、身振《ぶ》り手振りで、その熱意を示さなければいけない。

君ね、声がかれるなんて、そんなのしょっちゅうあることだよ。（身振り手振りをしながら）こうやって、やらなければいけないね。

まあ、日本人の英語って、そんなものだよな。だいたい、そんなもので、普通は、通じないからね。

私の英語もそうだよ。本当は、ブロークン・イングリッシュ（でたらめな英語）なんだよ。だけど、一生懸命《いっしょうけんめい》、話しかけるものだから、「日本人にしてはすごい。熱意がある」と思われたんだ。熱意があると、外人は認めてくれるんだよ。だから、熱意がある人の英語は、いちおう上手な英語ということになってしまったりする。文法的には、間違っているんだけれども、みな、そんなことは気にしないんだよ。「一生懸命だなあ」と思ったら、認めてくれるんだ。

人を騙《だま》す気はないけれども、「一生懸命に見えるようにやる」というか、〝自家発電〟をする心が大事だな。

今はまだ、君らの政党はひよっこだから、そんなに自信はないだろうと思う。君らは、自分たちを無名だと思って、少し低く見ていると思うんだけれども、新聞などに載《の》っている他の候補者を見たって、無名な人ばかりじゃないか。彼らは政党の看板一つで選挙に通っているんだろう？　無名であるのはお互《たが》い様さ。だから、「無名でも品質に差があります」と言って、やっていかなければいけないんだ。

だから、君、最高品質を誇《ほこ》ろうよ。なあ。

C――　はい。

盛田昭夫　もっと自信を持とうよ。

C――　はい。

盛田昭夫　なあ。

日本よ、「世界ナンバーワン」を目指せ

盛田昭夫　君が落ちるようでは、まもなく朝日新聞は倒産《とうさん》だよ（会場笑）。大変なことになるよ。「もっと応援《おうえん》していればよかった」と、きっと後悔《こうかい》するようになると思うな。

C――　はい。ありがとうございます。たいへん勇気の出るお言葉をいただきました。

盛田昭夫　そう？
手帳もボロボロじゃないか。君、すげえなあ！

C――　いえいえ。

盛田昭夫　何が書いてあるんだ、その手帳？　ちょっと急に関心が出ちゃったよ。それにスケジュールがたくさん入ってるのか。私は、そういう人を見ると感動しちゃうんだよ。すげえ手帳だね。

C――　未来の設計図が書いてあります。

盛田昭夫　おお！　そうかあ。

C――　はい。

盛田昭夫　ボロボロじゃないか。まるで二宮尊徳《にのみやそんとく》さんの時代のようだな（会場笑）。ほお！

C――　幸福実現党が必ず政権を取り、この新しい政党の政治力によって、日本を世界ナンバーワンの経済大国にしたいと強く願っております。

盛田昭夫　そうなるべきだよ。そりゃあ、もう、ここまで来たんだから、行かなければ男でも女でもない（会場笑）。世界二位まで来たのに、「これから何十位まで落ちるだろう」などという言葉に乗せられては駄目だよ。

そんなのは楽すぎるよな。転落するのは簡単なことだよ。努力をやめれば、すぐ転落するよ。ほかの国は努力しているからねえ。日本が努力をやめれば、やがて抜《ぬ》かれるさ。

だから、日本は、やはり、上を目指さなければ駄目だよ。「世界ナンバーワン」を目指すことだ。それが正しい態度だよ。

C――　はい。

盛田昭夫　それと、どんな大企業だって、最初の十年ぐらいでは、世界的企業などになってはいないんだ。そこを間違ってはいけないよ。最初の十年は、みな、倒産の危機を何度も通り越《こ》してきているんだ。

「苦労は買ってでもせよ」と言うけれども、今の苦労は、全部、力に変わってくるからね。そんな一年や二年でへたばるようでは駄目だよ。

世界のセールスマンになるぐらいの気持ちでいれば、東京都のなかで、自分を売り込んで歩くなど、そんなのわけはない。この最高の人材を東京都に広めることぐらい、わけないことだよ。なあ？　大丈夫《だいじょうぶ》だよ。

C――　はい。

盛田昭夫　あきらめないかぎり、道は必ず開けるよ。

C――　ありがとうございます。

3　新しい基幹産業の方向性

C――　それでは、次に、幸福実現党の経済政策について、ご教示をいただければと思います。

盛田昭夫　うん。

C――　これから、日本は、新しい基幹産業を創造していかなければいけないと思います。幸福実現党といたしましては、日本の優《すぐ》れた技術を生かして、ロボット産業やリニア新幹線、新エネルギー産業、農業の再興など、新しい基幹産業をつくっていきたいと考えております。

そこで、もし盛田先生が、今の日本にお生まれになり、〝新しいソニー〟をつくられるとしたら、あるいは、幸福実現党の政策担当者として国家ビジョンを提示されるとしたら、どのような新商品や新産業をおつくりになられるのか、そのあたりの構想について教えていただければと思います。

高齢者《こうれいしゃ》が楽に使える「機械の進化」を

盛田昭夫　私は、経団連の会長に指名されたときに倒《たお》れ、その後、死んでしまったんだ。だから、残念だった。「もし、盛田経団連会長が実現していたら、日本の舵取《かじと》りはどうだったかなあ」と思うんだけどな。指名されたあと、天に召《め》されてしまったから、ちょっと悔《くや》しいんだよ。

本当は、「ソニーを超《こ》えて、日本経済全体の牽引車《けんいんしゃ》になりたい」という気持ちはあったので、「生まれ変わったらどうするのか」という君の質問は、なんかうれしいような、でも、なんとなく身分が少し落ちたような、非常に微妙《びみょう》な喜びを感じるんだよ（会場笑）。

まあ、そうだね。基幹産業と言われると、「そこにソニーが入るのか、入らないのか」というのは、若干、微妙なところだね。〝危険な匂《にお》い〟が半分ぐらいはするんだけれども、小さいものをつくる企業《きぎょう》も許してよ。小さいものをつくる企業も基幹産業にちょっと入れといてね。

もし重厚長大型の産業のことばかり言われたら、ソニーも産業替《が》えしなければいけなくなるので、ちょっと危ない。それだけではなくて、やはり、ハイテク系も基幹産業のなかにきちんと入れておいてね。それを入れておいてくれるのなら、いいよ。

君たちは、宇宙産業や軍事・防衛系の産業の発展を目指しているのだろうけれども、それらにはすべてハイテクが必要でしょうからね。そういう意味では、まだ貢献《こうけん》できると思っている。

これから新しい産業をつくるとしたら……、そうだね。まあ、一つは、先ほども少し、大川総裁から話があったけれども、「機械が進化すると、お年寄りは仕事ができなくなる」という面はあるね（第3章参照）。つまり、「機械がどんどん変わってきたら、お年寄りはそれを使えないので、引退をせかされているような感じになってきている」ということだ。そういうマーケットがある。

基幹産業という定義に当たるかどうかは分からないけれども、要するに、体力の落ちた高齢者《こうれいしゃ》たちでも、楽に仕事ができるような世界にすることだよ。そのための機械類の進化や技術の進化が、まだ十分には求められていないと私は思うね。

携帯《けいたい》電話とかも、画面が小さくて読みにくいし、親指を使って操作するんだろう？　あれは、お年寄りには無理だよな。あんなことはできないし、後ろにいる人（質問者D）のように、指の太い人も使いづらい。

このように、非常に不利な人がいるので、やはり、もう少し便利なものをつくったほうがいいよな。

話した内容がそのまま原稿《げんこう》になるような機械の開発を

例えば、こういうふうに話した言葉を、何て言うかな、プリントアウトするような機械自体はあるけれども、まだ商業ベースに乗るレベルまで行《い》っていないよな。

もし、霊言《れいげん》をして、終わってみたら、ここにパッと一冊分の本の原稿《げんこう》が出来上がって出てきたら、便利でいいよなあ。そう思わないか。

まあ、技術としてないわけではないんだが、実用化するには、まだ少しミスが多くて、商業ベースに乗っていないと思う。

しゃべったら、それがバーッと、全部、活字になって出てくる。しかも、コンピュータのほうで、ほぼ自動的に、ある程度、校正をしてくれて、まともな日本語に出来上がって出てくるようになったらいいよね。

年寄りがパソコンを苦労していじっているようでは、七十歳《さい》、八十歳になったら、本が書けなくなるじゃないか。それは無理だよね。しかし、しゃべった言葉が自動的に活字になれば、それは楽になるよ。

また、今のあなたのように声が出にくくなる人もいるからね。その場合は、その人の声の特徴《とくちょう》を記憶《きおく》させれば、だいたい聞き取って、その人の言葉に変換《へんかん》され、直していく。そして、パッと原稿にして出す。

あるいは、マイクを通せば、そのしわがれた声が、普通《ふつう》の若々しい三十代、四十代の声になって流れる。

こういう機械は、先ほど、あなたが言っていた、いわゆる基幹産業という定義に当たらないかもしれない。しかし、これからは必要な産業の一つだと思うよ。

「言葉だけで動く車」をつくれ

それから、車の運転などでもそうだ。ハンドルを握《にぎ》って、ブレーキやアクセルを踏《ふ》んで運転しているよね。オートマチックでかなり楽になってはいるだろうけれども、これから先のことを考えたら、もう一段、進まなければいけないと思うんだよ。

やはり、口で命令を発するだけで動く車が必要だと思う。ただ、運転中に、いろいろな人からガチャガチャ言われると、大変なことになるから、「誰《だれ》が運転者なのか」ということだけを確定すれば、その人が言ったとおりに動く。

今、カーナビは、行き先を指定したら、行き方が地図などに出るんだろ？　同じように、運転者が行き先を指示したら、あとはそのとおりに運転してくれる。手や足を使わなくても、「はい、ストップ」とか、「速度を落として」とか、「はい、そこを直進してくれ」とか、「前の車を追い越《こ》してくれ」とか言うと、すべて上手にやってくれる。こういう車を、やはり、つくらなければいけない。

そりゃあ、車はトヨタさんには敵《かな》わないけれども、少なくとも、その車を動かす頭脳のところは、ソニーでつくっても構わないと私は思うんだよ。

「生涯《しょうがい》現役世界」をつくれば、国民の税負担は減る

これからは、そういうふうに高齢者たちの生活が楽になり、仕事を続けられて、そして、彼らが社会の一部として、生涯《しょうがい》現役でやれるためのソフトを開発していくことはよいことだと思うな。

若い人は、ゲームをやってもいいと思うよ。ケータイのゲームでね、「魚釣《つ》りゲーム」をやってもいいけどさ、年を取ったらやってられないよ。君ね、六十歳を過ぎて、そんな携帯電話で、「今、フグが釣れました!」なんてことは、やっ

てられませんよ。もう、ばかばかしくてね。

そんなのは、船に乗ってやらなかったら、面白《おもしろ》くないですよ。実際に生《なま》で釣りをやった人は、とてもやってられない。それは、若い人だからできるんだ。だから、自分たちの都合で、全部、やらないようにね。やはり、お客さまが第一でしょう。お客さまのニーズに合わせてやらないといけないな。

基幹産業という定義から見ると、合っているかどうかは分からないけれども、これから、高齢人口がすごく増えてくるので、その高齢者たちが、日常生活や職業を続けていくことを徹底的《てっていてき》に便利にすることが大事だ。そういうところに、産業というか、技術をシフトしていくという運動は、絶対、不可欠なことだね。

これをやれば、今、政府が言っているような、増税による過大な財政負担で、若い人が未来を悲観するような社会になることを避《さ》けることができる。

企業の力でそれを避けることができるんだよ。その方向性を目指せば、避けることはできるので、ぜひ、「今まで働くことができた年齢よりも、長く働けるようにするためには、何ができるか」というようなことを、ものづくりの世界の人たちが力を合わせて考えてほしいね。

自動車や携帯電話、テレビ、コンピューター系など、ものづくりの会社は、「生涯現役世界」をつくるために何ができるかを考えてほしいんだ。

これをやれば、国民の税負担はかなり減りますよ。

ロボット産業が拓《ひら》く新しい未来とは

基幹産業として、もちろんロボットの世界はあってもいいと思う。

例えば、介護《かいご》ロボットのところだね。あったら便利だよな。犬を呼ぶように、「おい、ポチ」と言ったら、スッと来るような〝ポチロボット〟がいたら、やはり便利だよな。

「ポチ、ベッドから起こしてくれるか」とか、「ポチ、車椅子《くるまいす》に乗せてくれるか」とか言うと、「はい、はい」ってやってくれたら便利だよなあ。

まあ、犬では無理か。犬は二本の手では持てないか。でも、犬ぐらいの忠誠心がある親切なロボットで、憎《にく》まれ口をきく孫のようではないやつだな（会場笑）。

こういう二本足で、手が二本ある、ソフトタッチなロボットをつくったらいいね。鉄の機械のような冷たい感じは、やはり駄目《だめ》だよ。柔《やわ》らかい感じね。そういう温《ぬく》もりのあるロボットをつくらなければ駄目だな。

自動車を組み立てるようなロボットではないよ。あんなものでやられたら、大変なことになってしまうからね（会場笑）。体に穴が開いてしまって、もう痛くてしょうがないよ。そんなものではなくて、もっとソフトタッチで、いい感じのロボットね。

もっと研究すれば、もう、奥《おく》さんなどいなくてもいいようになる（会場笑）。

「このロボットがいれば、もう奥さんは要《い》りません。ロボットを買うか、結婚《けっこん》するか。あなたは、どちらかを選ばなくてはいけません」というような宣伝やコマーシャルが流れるかもしれないね（笑）。

「奥さんが要らない」というのであれば、みな、買ってしまうかもしれない。それだと、いくらぐらい出すかなあ。「奥さんが要らない」というのなら、二千万円ぐらいの値段は付けてもいいんではないか。そんなことを言ったら、女性が怒《おこ》るかな。

まあ、「このロボットがあれば、主夫業《しゅふぎょう》をする旦那《だんな》は要らない」というロボットでもいいわけだけれどね。あるいは、庭仕事をしてくれるロボットもあってもいいいね。

そういう複雑で細かいところまで手が届き、人情味まで入ったようなロボット産業だったら、私は、まだまだ将来性があると思うな。

C――　今、日本は高齢化社会であり、とかく、「高齢化」が否定的なイメージで捉《とら》えられがちでありますが、それを逆手に取って「ビー・ポジティブ」の精神で、新しいものをつくっていけば、日本には、まだまだ明るい未来が開けていくということですね。

盛田昭夫　その逆もある。それは子供のところだね。「自分で自分のことが全部できない、小さな子供を、どうやって安全に保育できるか」ということだ。それを介助できるロボットがあるといい。ついでに学習機能まで付いていると、もっといいよね。

子供の面倒も見てくれるけれども、学習機能もついていて、さらに、何か危険があったときには、それをきちんと連絡《れんらく》し、対応してくれるロボットができればいい。

ソフトタッチで、いい感じのロボットがあれば、お母さんが働きに出ることもできるね。お母さんが職場で働いていても、自宅で何かあったときに、そのロボットから、「このような状態になっていますが、どうしましょうか」という問い合わせが、きちんと映像付きで来るとかね。そして、「それなら、こうしてちょうだい」と言うと、「はい、分かりました」と言って対応してくれる。そういう「学習機能付き子守《こもり》ロボット」があるといいよね。

子供に勉強まで教えてくれるような子守ロボットがあると、働く女性は楽だよ。すごく楽だ。ついでに買い物も行ってくれると、もっといいな。

もちろん、そんなロボットであっても人間にはなかなか敵わないからね。だから、少子化の時代には移民を受け入れて、日本人として、きちんと教育してあげることも、やらなければいけないことの一つだと私は思う。

ただ、ロボットのところは、メーカーとして、チャレンジすべき課題だと思っている。しかし、それは、三十年もかからないよ。十年か十五年あれば、十分、対応可能なことだと思うね。

C――　はい、分かりました。本当にありがとうございます。幸福実現党は、今、盛田先生から示していただいた、本当に明るく、胸がワクワクするような未来を、必ず実現していきたいと思います。

盛田昭夫　私は、スウェーデン型の七十パーセントも税負担があるような国家はつくらないほうがいいと思うよ。やはり、やる気がなくなる。国民全体にやる気がなくなって、停滞《ていたい》してくるからね。人口が減って、まばらになった社会の雰囲《ふんい》気《き》が出てくると思うよ。

まだまだ伸《の》び盛《ざか》りの国家をつくったほうがいいと思う。

もっと究極的に言うと、「代理出産ロボット」までつくってしまうと、さらに、いいんだけど（会場笑）。これを言ってはいけないのかな？　これは、宗教に許可をもらわないといけない。これが、「善いのか、悪いのか」は、神様の判断によるのでね。

しかし、代理出産ロボットまでつくってしまうと、もっと楽なんだ。何とかできないかねえ。何か考えたら、できそうな気もするんだがなあ。

出産は、人間もできるし、動物もできるから、やってやれないことはないのではないかと思うんだけどな。代理出産ロボットというのは、どうだろう？

ある程度、胎児《たいじ》のかたちができた段階で、ロボットのほうへ、ヒョイッと預けておけば、カンガルーみたいに育ててくれるなんて、やはり、いいじゃないか（会場笑）。

ほかの人に産ませると、その人の子供みたいになって争いが起きるんだろう？「どちらが母親か」というようなことで、争いが起きるのは問題だけれども、ロボットなら文句はないわね。
だから、代理出産ロボットの商品名は、〝カンガルー〟あるいは、〝新カンガルー〟〝ニューカンガルー〟というのはどうかな？　こういう代理出産ロボットは、やはり、あったら便利だなあ。うーん。

C――　少子化時代を打破できる画期的な発明です。

盛田昭夫　そう、そう。

C――　ぜひにでも……。

盛田昭夫　やはり、女性がかわいそうだよ。神様が女性をつくったときに、今のような時代を予想していなかったので、女性の体は家事労働をすることだけしか考えていないつくりだと思うよ。体全体のつくりと機能から見るとね。

このような男女平等に働けるような時代を予想していない体のつくりになっているので、やはり、努力して、そういう時代に対応できるような智慧《ちえ》を出していけるといいと思うなあ。

もう、一頑張《ひとがんば》りだな。

C――　ありがとうございます。

それでは、ここで質問者を替《か》わらせていただきます。

盛田昭夫　ああ、そうですか。

4　今後の日中関係を、どうすべきか

D――　よろしくお願いします。

盛田昭夫　はい。

D――　幸福実現党の党首（収録当時）の○○です。

盛田昭夫　ああ、あなたも声がかれているねえ。

D――　失礼いたしました。

盛田昭夫　これはニーズがあるわ（会場笑）。

D――　たいへん申し訳ございません。

盛田昭夫　やっぱり、そんなマイクじゃ駄目《だめ》だな。鈴《すず》の鳴るような声に変わるマイクを発明しないといけない。

D――　質問をさせていただきます。

今日は、盛田先生に、このような機会をいただきまして、本当にありがとうございます。

まず初めに、中国との関係について、お伺《うかが》いいたします。

先ほど、「自分が経団連の会長になったら、日本の経済の牽引車《けんいんしゃ》になってみたかった」というお気持ちをお聴《き》かせいただきましたが、現在の日本の針路を考えるときに、中国との関係には非常に難しいものがあると思います。

今回、民主党政権は駐《ちゅう》中国大使に民間人を起用いたしました。また、経済界においても、今年から来年に向けて、経団連などを中心として、かなり中国との取り引きが増えていく方向に行くと思われます。

ただ、日本の舵取《かじと》りということを考えたときに、「本当に、この方向でよいのか」という思いがあります。

「日本と中国との関係を、どう考えていけばよいのか」ということについて、盛田先生のお考えをお聴かせいただければと存じます。

日中関係の完全断絶では思考が単純すぎる

盛田昭夫　うん。幾《いく》つかの点を指摘《してき》しなくてはいけないと思うんだな。

まず、経済の規模の問題から見ると、日本の経済の規模と、中国の経済の規模と、この両方を考えると、そりゃあ、中国が、無視しがたい相手であることは間《ま》違《ちが》いないと思う。

だから、政治のほうが、中国と完全に断絶状態になるような、そういう関係をつくるようであったら、やはり、経済界のほうは、そのまま黙《だま》ってはいられないと思うよ。「そこまで外交が下手でなくてもいいのではないか」と、当然、言うと思うんだね。

一方、アメリカは、軍事力は十分にあり、第七艦隊《かんたい》を持っていて、いつでも戦争の相手ができるような体制をつくりながら、経済的パートナーとしては、中国との絆《きずな》は深くしているよね。取引量は、すごく増えている。あのように、どちらにでも行けるように上手にやっているのは、やはり外交的に大人の関係だと思うんだよ。

だから、日本も、極端《きょくたん》から極端に行かないほうが、いいことはいいと思う。そういう大人の関係は大事だね。

日本と中国は、「世界的なレベルで見て正義に則《のっと》っている範囲内《はんいない》では、お互《たが》いに危害を加えない」というルールを守ることを、きちんと決めておいたほうがよい。

万一《まんいつ》のときには防衛できる準備もしておくけれども、「勝手に暴走することはありえない」ということを確認しておく。その上で、経済のレベルでは、付き合いが深くなっていっても構わないような構えは、きちんと持っておく。まあ、こういうことが大事であろうと思う。

すぐ完全断絶をするようであれば、思考が単純すぎると思う。

あなたがたは、「向こうの植民地になるのではないか」とか、「属国になるのではないか」とか言って、ずいぶん警告をしているが、これでは、政治・軍事のほうが経済と分離《ぶんり》しすぎた意見になっていて、財界というか、経済界のほうの代弁にはならないと思うよ。

そのまま断交状態になったら、困る企業《きぎょう》は数多く出てくるはずだね。「侵略《しんりゃく》される」という考えもあるかもしれないけれども、その逆もある。日本は「柔《やわら》の国」であるわけだから、「侵略される」ということではなくて、「向こうを完全に取り込《こ》んでしまう」という手も、一つにはあると思うんだ。

中国人には、今、けっこう欲があると思うんだよ。やはり、発展欲がすごくある。実は、ある意味で、資本主義の魔力《まりょく》のようなものに惹《ひ》き付けられているところがあると思うんだな。

ディズニーランドのようなものが、あちらでもできてきているんだろう？　だから、やはり知っているんだよ。その魅力《みりょく》と発展の面白《おもしろ》さは知っているので、これを〝誘惑《ゆうわく》〟して、取り込んでいかなくてはならない。

だから、知力戦でもって、中国全体を日本経済圏《けん》のなかに上手に取り込んでしまい、「とてもじゃないが、日本にミサイルを撃《う》っていたのでは割が合わない」と思わせなくてはならない。そこまで取り込んでいくだけの粘着力《ねんちゃくりょく》というか、柔《じゅう》道《どう》でいうと寝技《ねわざ》のような力かな、そういうものは要《い》ると思うよ。

あまりにも単純で、きれいすぎると、やはり、よくないと思うんでね。

備えは備えとして用意しなくてはいけないものはあると私は思うよ。備えがまったくないと、けっこう一方的に脅《おど》されたりするからね。だから、備えは必要だけれども、「口で喧嘩《けんか》できる」というのは、仲のいい証拠《しょうこ》であることもあるからね。

きちんと対等の条件をつくっておけば、「互いに、言いたいことを言って応酬《おうしゅう》し合っても、決定的に決裂《けつれつ》するようなことはない」という安心感がある。そういう関係を上手につくらなければいけないな。

「民間人を大使に送った」ということ自体については、まあ、考え方はいろいろあろうかとは思うけれども、民主党にしては、珍《めずら》しく賢《かしこ》い判断だとは思うよ。それは、経済重視ということで、「経済の面から、中国との関係は切れません」というメッセージを発信しているんだろう？　だから、それは、たぶん、彼らにしては珍しいヒットの一つではあるだろうな。

中国を日本の世界方針に組み込《こ》む大戦略を持て

中国の上のほうの指導部には、政治・軍事的な面で、やはり、問題はあるよ。はっきり言って、あると思う。

例えば、今、「北朝鮮《きたちょうせん》の潜水艦《せんすいかん》が魚雷《ぎょらい》を撃って、韓国船《かんこくせん》を沈《しず》めた」という問題があるんだろう？　そして、国連では、結局、案の定、曖昧《あいまい》な非難、名指しをしない批判で止《と》めるかたちで終わったんだろう？

これは、気をつけないと、ヒトラーの時代で言えば、宥和策《ゆうわさく》のようになってしまうので、向こうが、悪いことを考えていたら、それをどんどん進めていける。「悪いことをやっても、非難されないし、攻撃《こうげき》されない」ということであれば、それをいいことに、悪いことを進めていくことにもなるからな。

こういうことについては、「是々非々《ぜぜひひ》」で、きちんと言わなくてはいけないところはあるかもしれないね。

曖昧にしておいていいことではない面もある。

中国が北朝鮮をかばっているのは明らかだから、国連は、その意味で、有効な機能は果たしていないね。

だから、なんとか中国を説き伏《ふ》せて、やはり西側の価値観に染め上げていく努力をしなくてはいけない。

向こうは、二十年計画、三十年計画で、アジアの植民地化計画を持っているかもしれない。ああいう国だから、おそらくは持っているだろう。

では、こちらはこちらで、二十年計画、三十年計画として、中国を、自由と民主主義の国、西側の国に取り込《こ》んでいく巨大《きょだい》計画を立てる必要がある。「中国をどうやって取り込んでいくか」という計画を立て、〝蜘蛛《くも》の巣〟を張って逃《に》げられないようにする。そういう作戦を立てなくてはいけないと思うね。

これは、お互いに知力戦だよ。一回も兵器を使うことなく、戦争がない状態まで上手にもっていくことが望ましいことだ。

中国は、日本に対して、いろいろと言っているけれども、ある程度、ハンディがあることは、向こうも認めてはいるんだと思うよ。経済で日本とまともに勝負できるレベルまでは、まだ明らかに来ていないからね。

プロのゴルファーと試合をするのと同じで、少しハンディを付けてもらわないと、まともには戦えないし、技術的には、まだ指導をたくさん受けないといけないレベルにある。電気も通っていない町が数多くある国だから、まだまだだよね。

北朝鮮もそうだけど、強がりを言うところは、実は、劣等感《れっとうかん》の塊《かたまり》であることもけっこうあるわけだから、そのへんは、よく理解をしなくてはいけないね。

だから、こちらは、単に、「侵略されないよう、一方的に防衛する」という考えだけではなく、逆の計画、すなわち、「あちらを完全に取り込んで、日本の主体的な世界方針のなかに組み込んでしまう」という大戦略を持つべきだと思う。

「この方向についていけば、向こうも発展・繁栄《はんえい》し、激しい貧富《ひんぷ》の差も解消して、貧《まず》しい人たちの暮らしもよくなる」という、ソフトというか、枠組《わくぐ》みを提供できるようになれば、基本的には、それに乗ってくるよ。

だから、一方的に攻《せ》められることばかり考えるのは十分ではないと私は思う。「向こうを、こちらの枠組みのなかに、どうやって取り込んでいくか」ということも、やはり、同時に考えないといけないね。

そのへんが、君ら、ちょっと、まだ単純なんじゃないか。

D――　分かりました。ありがとうございます。

5　消費税率の引き上げを、どう考えるか

D――　次の質問に移らせていただきます。

盛田先生は経団連の副会長をされていましたが、その当時の一つの持論として、「日本は福祉《ふくし》国家ではない」とおっしゃられていたと伺《うかが》っております。

最近の経団連は、消費税の問題に関して、「社会福祉、社会保障のためには、消費税率の引き上げは、やむをえない」と考えているようですが、この経団連の姿について、どのようにご覧になっておられるでしょうか。

消費税に関し、経済界は民主党政権の脅《おど》しに屈《くっ》している

盛田昭夫　うーん……、そうだね、借入金《しゃくにゅうきん》が増えているグラフを見せられると、みな、それで説得されてしまうからね。「国の借金が増え続けていますよ。そのうちに国民の財産を超《こ》えてしまいますよ」などと言われ、脅《おど》されているような状態かな。

要するに、政府は国民に何が言いたいのかといえば、「あなたがたは、国に貢《こう》献《けん》しているものよりも、国からもらっているもののほうが多いのですよ」というようなことかな。そういうことでしょうね。

「税金を十分に納めてもいないのに、国からは、たくさん補助をもらい、助けてもらっているんですよ。このままではいけないのではないですか。国から助けてもらう部分と、国に奉仕《ほうし》する部分とが、きちんと均衡《きんこう》しなければいけないので

はないですか」という考え方は、立場を変え、国の立場になれば、当然、出てくるでしょう。

ただ、全般的《ぜんぱんてき》に見るかぎり、先進国などの成長率、特に中国の十パーセント近い成長率に比べ、日本の成長率は低いので、政府が格差解消のほうに向かっていくと、やはり、富の否定になるし、累進《るいしん》課税の強化などになってくるね。

それから、今の政権には、企業《きぎょう》の黒字や内部留保を否定する傾向《けいこう》が非常に強く出てきている。これについては問題が大きいな。「赤字は善」のような考えが多少あるからね。

自ら好んで赤字をつくっておいて、そのツケを国民に回しているのであれば、それは問題だな。

「国や地方公共団体が行った合理化努力や無駄《むだ》を排《はい》する努力と、その『増税させてくれ』という依頼《いらい》とが、釣《つ》り合っているかどうか」ということだろうね。

経済界のほうは、今、実は脅迫《きょうはく》されているんだよ。政府から脅迫されている状《じょう》況《きょう》なんだよ。

「われわれが政権を取っているから、中国との取り引きがうまくいっているのですよ。安倍《あべ》政権や麻生《あそう》政権のときには、全然、向こうとは交流ができないような状況だったでしょう。

中国は、今、世界の工場に変わっているのだから、あそこを使わないかぎり、あなたがたはデフレ時代を生き残れないんですよ。中国を使えるかぎり、安い工賃で物がつくれ、安く仕入れて、安売り合戦が日本でできるんですよ。

ところが、自民党政権に戻《もど》り、タカ派路線になったら、中国と仲が悪くなって、安い物が入らないから、このデフレの時代を勝ち抜《ぬ》けないで、企業がたくさん潰《つぶ》れますよ」

経済界は、この脅しに屈《くっ》している状態であり、それで消費税の増税を認めている。図式としては、実は、そういうことなんだね。

「技術力にブランド力を乗せていく」という方向が基本路線

もちろん、「安く売る」というやり方も一つだとは思うけれども、もう一つのやり方は、「あくまでも、高付加価値産業、高付加価値のものを目指していく」ということだな。

先ほどから私がずっと言ってきたことなど、全部、先進国でなければできないことじゃないか。ロボット系についてもそうだね。言っていることを文字にする機械や、高齢者《こうれいしゃ》の生活を便利にする、いろいろな道具の開発には、高度な技術が必要で、これは発展途上国《とじょうこく》では不可能ですよね。

こういうものにはニーズがあるし、「ほかのところではできないけれども、ここではできる」というものがあれば、そこは、まず潰れないね。

スイスという資源のあまりない国でも、時計などの精密機械の技術が高かったため、いまだに、そういう産業は生き続けている。日本がこれだけ頑張《がんば》っても、まだスイスでも時計はつくっているし、いろいろなブランドものの時計には、スイス製のものが、すごく多い。これは、技術力があるからだね。

だから、そういう行き方が、もう一つありうるわけだ。

「どちらを選ぶか」ということだけれども、私は、「安売り型デフレ経済を、是《ぜ》とするか、非《ひ》とするか」という、一つの哲学《てつがく》の問題だろうと思うんだね。

人口が継続的《けいぞくてき》に増えていく段階では、デフレというものは、ある意味で、ありがたい状態だと思うんだよ。生活レベルが上がらなくても、楽に生活ができるようになるんでね。

しかし、人口があまり増えないような所においては、デフレ社会というのは、あまり幸福ではない社会だと思う。そういう所では、やはり、高付加価値で高収人を狙《ねら》う社会のほうが、実は幸福だと思うんだな。

「人口がどんどん増えていく」ということは、「所得の低い人が多くなる」ということなんだ。だから、物の値段が下がり、生活必需品《ひつじゅひん》が安く買えるようになって、生活が楽になること自体は、いいことなんだ。

しかし、日本のように、人口が伸《の》び悩《なや》んでいる所であれば、そうはいっても、やはり、高級志向に行くほうが、全体の幸せ感は高いのではないかな。そういう感じはするね。

だから、「技術力に、いっそうのブランド力を乗せていく」という方向が基本路線であると思うんだな。

安くしていくだけであれば、結局、この路線は、最後は発展途上国に負けるんだよ。

なんといったって、人件費が百分の一の国や、それ以下の国が、この世界にまだ存在するのだから、そういう国が技術を覚えると、ものすごく安い物ができてしまうんだよね。

アメリカにも、すでに、「メイド・イン・チャイナ」のものが溢《あふ》れていると思うけれども、やはり、もっと高度なもののほうへシフトしていくのが先進国の義務だな。日本も同じだと思うよ。

「安いもの」というか、「簡単な技術でつくれるもの」は、労働力の安いところで、大量につくってもらっていいのだけれども、やはり、日本でしかできないようなものを目指し、それだけの高度な技術者を養成していく努力が大事だな。

その一方で、まだ生活レベルの低い国、発展途上国、これから先進国に入っていこうとしている中進国あたりからは、やはり物を買ってあげなければ、彼らの経済は成長しません。彼らの経済を成長させるためには、彼らのつくる安い物を輸入し、消費してあげることが非常に大事なので、そういう安い物についてまで、国産品愛用運動をあまりやってはいけないんだ。

だから、「生活に使う普通《ふつう》のレベルのものについては、安い物を外国から大量に買ってあげて、この国は、もう一段、技術の高いもののほうに生き筋を見つけていく」というスタイルが基本的に大事だな。

全部が低付加価値のほうへ行くのは危険で、これでは国として負ける可能性が高いと思うね。

ソニーが売り出すものが、みな、安売り商品ばかりになったら、それは「昔戻り」なんだよ。

「メイド・イン・ジャパン」の製品は、昔は、「安かろう、悪かろう」の代名詞だったわけだな。日本の工業製品は、「安かろう、悪かろう」と見られていて、これが「メイド・イン・ジャパン」だった。

これを、「高品質で、世界から求められるようなもの」にしていくために、戦後、われわれが、みな、どれほど努力してきたか。これを知ってもらわないといけないね。

「消費景気」を起こしつつ、「世界に類のないもの」をつくれ

まあ、そんな感じかな。

ある意味では、アメリカがよくやっているように、「輸入品などの需要を増やして、消費を拡大し、消費景気を起こす」ということをやらなくてはいけない。

中国自体にも、今は、消費景気で発展しているところは、かなりあるんだね。お金持ちが増えてきて、彼らが、いろいろな物を買っているので、消費景気が起きている。

ところが、日本のほうは、お金があまり動いていなくて、消費景気が十分に起きていないんだね。

だから、消費景気を起こしつつ、高付加価値産業のほうで、世界に類を見ないものをつくっていく。絶えず新しいものにチャレンジして、高付加価値のものをつくっていく。こういうことが基本的な国家戦略でなくてはいけないと思うな。

消費税云々《うんぬん》の問題は難しいけれども、もし、生活必需品のレベルで、安いものが外国から大量に入ってくるようになったとしても、消費税率が十パーセントや二十パーセントへと上がっていけば、結局、値上げと同じになるからね。

それでは内需拡大にはならないので、消費税率を上げることが、輸入障壁《しょうへき》というか、非関税障壁になる可能性も現実にはある。これは、「輸入品の消費を増やし、消費市場を広げて、消費景気を起こす」という、大国の義務を果たせない可能性があることを意味するわけだね。

だから、消費税率の引き上げには慎重《しんちょう》でなければいけない。今、経済界がそれに賛成しかかっているのは、「民主党政権でなければ、中国との関係は悪くなりますよ」という脅しに屈しているからだね。

そのへんについて、あなたがたは、大人の態度でもって、「いや、必要があれば、中国と喧嘩《けんか》をしますけれども、その必要がなければ仲良くします。どちらでも行きます」ということでなくてはいけないな。

あなた、すぐにでも戦争しそうな感じが……（会場笑）。

D――　しません、しません。

盛田昭夫　そう？（会場笑）

6　起業家育成で政治が果たす役割

司会　最後の質問にさせていただきます。

D――　盛田先生より、高齢者《こうれいしゃ》に対するマーケットや国内の輸入マーケットを開くこと、また、高付加価値路線などを教えていただきました。

幸福実現党の政策も、そのようなものにしていきたいと思います。そして、「日本のＧＤＰを世界ナンバーワンにしたい」という目標を私たちは持っています。

ただ、ここで大切なのが、やはり、最初にも出ておりました「起業家精神」だと思うのです。

起業家精神を醸成《じょうせい》すること、あるいは起業家を育てることに関しては、「規制緩和《かんわ》」という手段もあるのですが、ご自分で世界一のソニーを創られた、盛田先生の立場から見て、政治には何ができるのか、政治は何を期待されているのか、そのへんについて教えていただけませんでしょうか。

政治は銀行の資金供給のところにメスを入れよ

盛田昭夫　うーん……、まあ、銀行のところだな。今、政治にできることとしては、銀行にメスを入れることだな。

新しい企業《きぎょう》をつくるためには、やはり資金が必要だよ。だから、資金の供給のところが大事だな。

今の時代においては、新しい企業ができても、三年以内に、かなりの部分が潰《つぶ》れてしまう。今は、「三年たったら、新しく起こされた十社のうち九社は潰れている」と言われる時代だよね。そして、「十年たったら、新しく起こされた百社のうち九十九社がなくなっている」という時代なんだね。

「その理由は、どこにあるか」ということだけれども、一つは、担保主義による金融《きんゆう》にある。

新しい企業には、当然、十分な担保がないわけだな。

では、担保に替《か》わるものは何かというと、あとは「企業の成長力」しかないのだけれども、日本経済の成長力が落ちてしまうと、やはり倒産《とうさん》が増えてくるため、銀行のほうが〝足踏《ぶ》み〟をして、貸さなくなってくる。

「百社が起業したら、十年以内に九十九社が潰れる」というのは、まあ、統計を取ったわけではないから、本当かどうか分からないけれども、もし、今は、そういう時代なのだとしたら、これは、やはり、政治のレベルでの制度に問題があると言わざるをえない。

担保は十分ではないかもしれないが、そうはいっても、二十年や三十年は目をつぶり、起業家群を育てるつもりで、やはり資金の供給をしなくてはいけない。

それに対して、検査機関が、あまりにも厳しい査定をしてはいけない。要するに、経済が非常に安定していた時代の判断の基準では、今は通用しないわけだな。

検査機関の査定においては、「きちんとした審査《しんさ》をして、良好なところにだけ貸しているか。担保をしっかりと取っているか。不正融資をしていなかったか」というような、昔からの基準があるし、国際的な基準においても、「銀行の体力から見て、ここまでしか貸せない」など、いろいろな基準はあると思う。

しかし、今、これだけ銀行の体力が弱っていたら、「国際基準が、どうだ、こうだ」と言っていては、貸し出すことができないんだよ。

銀行は、さまざまな企業の株を持っているが、株価が全体的に下がってきているので、自分たちの資産力が、とっても落ちているんだね。自分たちの資産力が落ちているから、大胆《だいたん》な融資ができないわけだな。

大胆な融資をしたら、それが、不良融資、不良貸付となって、いつ刑務所《けいむしょ》行きになるか分からない。銀行の経営者には、それが怖い。そうすると、新興企業にお金を貸すのは、やはり怖《こわ》くなってくる。

では、安心してお金を貸せる超《ちょう》優良企業があるかというと、今は、探しても、それほどないわけだね。どこも、けっこう青息吐息《あおいきといき》の状態なので、融資には非常に慎重《しんちょう》だ。

要するに、今の銀行は、「お金を預けてもらっても困る」というような状態になっているわけだね。「お金を預かっていると、預金利息を払《はら》わなければいけないので、あまり預けてもらっては困ります」というような感じになっている。

今の銀行は、お金の使い道が分からないのだから、やはり、その使い方を教えてやらなければいけないね。

企業《きぎょう》を育てようとする銀行に政策的バックアップを

そのへんは、やはり、政府の政策として一押《ひとお》ししなくてはいけないところだ。その際、「新しい企業群《きぎょうぐん》をつくり、上場させていき、大企業にして、雇用《こよう》を生んでいく」ということを一つの指標にするべきだな。

この、失業者が増えてくる時代において、雇用を生むような企業、人を採用して給料が払えるような企業が出てくることは、望ましいことなので、「雇用を増やしていける企業に関しては、いろいろな利便性を与《あた》える」ということが大事だね。

例えば、税制において利便性を与える。あるいは、銀行融資についても、あまり厳格なことは言わないで、「企業を、じっくりと長期的に育て上げていく」という考え方を方針として出すこと。「企業を育て、その雇用を拡大していく」という方針を立てること。これが大事だね。

これをしないで、「失業者が出たら国が補助金を撒《ま》く」というようなことをやっていたら、財政赤字が増え、増税になって、税金を払う人がいなくなってくるね。

ちょっと、そんなところかなあ。

だから、今、銀行のところが、本当は、いちばん問題なんだ。銀行のところに動脈硬化《こうか》が起き、心臓から出る動脈にコレステロールが溜《た》まって、血流が流れていない状態になっているわけだな。

このコレステロールを、なんとかして除き、血流をよくしなければいけない。そして、末端《まったん》の、いろいろな企業のところまで資金が流れ、これを成長させていけるようにしないと駄目《だめ》だね。

ところが、そういう、企業を育てるような銀行を新しくつくっても、すぐに潰れたりする。それは、検査基準や、国としての政策的バックアップなどに、十分ではないところがあるからだと私は思う。そして、すぐに不正融資のように言われてしまうんだね。

最近、そういう趣旨《しゅし》の銀行もあると思うけれども、やはり、非常に問題視されているよね。これは、金融検査の考えが、少し古いんだね。

銀行を子供のように扱《あつか》い、護送船団方式で国が面倒を見て、大蔵省や金融庁が監督《かんとく》する、そういう状態が長く続いてきたんでね。

やはり、もう少し大胆に起業家精神を発揮してもらい、「この企業は、この国の将来にとって大事だ。育っていって、将来、基幹産業にならなくてはいけないのだ」、あるいは、「将来の日本の産業構造や人口問題、高齢化社会に対応するために必要で、伸《の》ばさなければいけない企業なのだ」という価値判断をしたら、その企業を強力にバックアップしていかなくてはならない。

そういう大胆な起業家的判断ができるような銀行にしていかなくてはならないんだな。

「誰《だれ》もが臆病《おくびょう》になってしまってはいけない」ということだ。このへんは、やはり、かなり精神的なものだからね。

将来、日本にとって必要となる分野で、雇用を生まなくてはいけない分野がある。例えば、先ほど言ったように、高齢者が増えていくなかで、どうしても必要な分野など、雇用を生めるような分野については、重点分野として、「国家が全面的にバックアップする」というお墨付《すみつき》を与えれば、十分に企業を伸ばしていけると思うので、それをまずやってください。

心臓から出る動脈のところに、今、コレステロールが溜まって、カテーテルを使うか、心臓バイパス手術をするかしなくてはいけない状態になってきているんだよね。だから、このままではいけない。血流が流れていなくて、九割ぐらいが詰《つ》まっている状態なので、これを流さないといけない。

だから、銀行のところにメスを入れなくてはいけないね。まず金融のところです。金融によって資金を流さないといけない。

株価の低迷は国にとっても決してよくない

それから、やはり、「『株価がすごく低迷している』ということは、国にとっても、決してよいことでないのだ」ということを自覚しなくてはいけないな。

そうはいっても、株価が急に暴騰《ぼうとう》したりする問題があるのだろうけれども、もう一つ言えることがあって、やはり、「株全体は長期的には確実に上がっていく」ということを、一つの国家戦略として持っていないと、企業は資金調達ができないんだね。

株価が暴落するのであれば、その企業の株を買った人、要するに、その企業を応援《おうえん》しようとした人が、みな、損をするわけだから、今回、かなり損をさせたよね、この二〇〇〇年代になって。

そのため、人々の起業家意欲、企業を支えようとする意欲が、とても落ちている。国民の信頼《しんらい》を裏切ったわけだから、日本への信頼不信になってきているね。

やはり、「株価は、長期的には、緩やかではあっても上がっていく」という方向を、国家戦略として持っていなければいけないわけだね。

だから、「前政権のときと比べて平均株価が半分になる」などということは、あってはいけないことなんだよ。株に関して、国民の財産を半分に減らし、投資意欲を失わせてしまった。

それは、結局、企業の体力を落としていることになり、「企業の値打ちを落としている」ということでしょう？

これは、「企業の値打ちが半分になった」ということだな。企業の値打ちは、「株価×発行株式数」であり、それで企業の売り買いの値段が決まるわけだから、会社の値段が半分になれば、やはり、融資だって受けにくくなる。それから、新たに株を買ってくれる人も慎重になってくるよね。

そういう意味で、資金が「たんす預金」になって全然動かないような状態が続いている。

この金融のところ、銀行や証券のところについて、あなたは、きっと得意なのだろうから、しっかりと血液が循環《じゅんかん》するような仕組みをつくることが、政治としてできることだと思うね。

これをやらなくてはいけない。「無駄なお金か、死に金を置いておいてはいけない」ということだな。

国民の総資産が一千四百兆円も一千五百兆円もあるのだから、これをうまく使う人がいたら、間違《まちが》いなく、この国の経済を、もっともっと大きくできているんだよ。ところが、お金の使い道がよく分からなくて、潰すことばかり考えているんだね。

だから、菅《かん》首相の考えは危ないと思うよ。この人の考え方だったら、基本的に株価が下がり、必ず、もっと貧乏《びんぼう》国家になっていくので、危ないんだ。

やはり、もう少し方針を示さなければいけないね。そして、国民も豊かになり、会社も豊かになる社会を目指さないといけないと思うな。

〝最小不幸社会〟では、「株価が上がっていく」ということは、考えられないんだよ。

そして、銀行預金でも株でも何でもいいけれども、投資等をしたら、やはり、ある程度、利潤《りじゅん》が上がらなければ、先進国としては面白味《おもしろみ》がないね。

それはそうだよ。いつまでも炭鉱労働者のような感じで働くわけにはいかないのでね。そういう余裕《よゆう》資金が少しは仕事をして、財産を増やしてくれるところがなければ、やはり、先進国としては面白味がないね。

そして、それで儲《もう》かったら、そのお金を海外に〝撒《ま》く〟んだよ。海外旅行をしたりして、海外でお金を使ってあげたら、海外は、また発展する。やはり、そうならなくてはいけないね。

だから、ゆとりが出るぐらい、要するに、昔、「リサーチ・アンド・リゾート」ということもあったけれども、そういう、ちょっとした遊びで海外に行けるような余力ができるところまで、やはり、国民のレベルを上げなくてはいけないと思うね。

D――　分かりました。先行きのイメージがずいぶんついてきました。

銀行や証券会社が潰《つぶ》れていくような国は駄目《だめ》だ

D――　私は、昔、野村証券で仕事をしておりましたが、ソニーの株を買ったお客さんたちが……。

盛田昭夫　損をした？

D――　いえ、株数が増え、株価が上がって……。

盛田昭夫　ああ、そうか。

D――　たいへん喜んでいました。

盛田昭夫　そう。それは悪いことじゃないんだ。いいことなんだよ。

ソニーが、成功し、大きくなることによって、いろいろな製品がつくれ、国民の生活が便利になる。そして、ソニーという会社を信じて投資した方々もまた豊かになる。これは、いいことじゃないですか。何《なん》にも悪いことはないですよ。

ところが、菅首相の考えだと、これが何か悪いことのように聞こえますよ。そうでしょう?「そんなずるいことをして儲けてはいけない」というように聞こえますからね。これでは、どうも、農耕社会に戻《もど》ってしまう感じがして、しかたがないな。悪いことではないですよ。

「証券会社に閑古鳥《かんこどり》が鳴く」というのは、国にとっては、やはり、よくないことだ。銀行も、元気がないのは駄目《だめ》だね。銀行や証券が潰《つぶ》れていくような国は駄目だと思う。

だから、金融行政のところは、一本、きちんと筋を通したほうがいいよ。「不正を追及《ついきゅう》する」ということもあるかもしれないけれども、そういうことは、たいていの場合、生けにえを探し出し、「こんな悪いやつがいた」いうことで、人々を黙《だま》らせるためなんだ。

株などで損をした人を黙らせるために、生けにえを探し出す。それが、あのホリエモンとかでしょう？　そういう生けにえを探し出し、血祭りにあげることで、損をした人たちを黙らせているように私には見えるね。

そういうことをするのではなく、やはり国民全員に儲けさせてあげないといかんと思うね。ええ。

D——　今日は、お時間をいただき、本当にありがとうございました。

盛田昭夫　よかったかな?

D――　最大幸福社会を目指して……。

盛田昭夫　はいはい、そうだね。頑張《がんば》りましょう。

D――　ありがとうございました。

大川隆法　(盛田昭夫に)ありがとうございました。

ソニーの地元で、ソニーの社員への伝道が進むといいですね。盛田昭夫さんを神様の一人に入れておいたら、ソニーの社員も、安心して信仰《しんこう》できるかもしれません。

品川という地の利を考えると、盛田さんのことは、もう少し取り上げなくてはいけないかもしれないと思います。関西の松下幸之助《こうのすけ》のことばかり言っていてはよくないでしょう。考えるのがやや遅《おそ》かったかもしれません。もう少し早ければよかったと思います。

今日は、突然《とつぜん》の公開霊言《れいげん》でしたけれども、『未来創造の経済学』を、盛田昭夫さんの霊の力も借りて、別の角度から十分に説きえたと思います。

天上界《てんじょうかい》の諸霊も頑張っているので、この世の人たちも頑張らなくてはいけないでしょう。

盛田さんは、先ほど、「ビー・ポジティブ」だと言っていましたから、ぜひとも、それで行きましょう。

ありがとうございました。

あとがき

現代日本発展の原動力になった方々《かたがた》の霊言を聞くと、みるみる元気になり、日本も世界も、未来が明るくみえてくる。

この「自助努力の精神」「発明・発見の精神」「ベンチャー企業が世界に雄飛《ゆうひ》していく精神」を学ぶと、ドンドンやる気が出てくるのだ。

経営者、ビジネス・パーソン、政治家をはじめ、悲観論に心を支配されているすべての人々にお読み頂《いただ》きたいと思う。

この夏、読んで絶対損《ぜったいそん》のない、おすすめの一書である。

二〇一〇年　八月四日

幸福《こうふく》の科学《かがく》グループ創始者兼総裁《そうししゃけんそうさい》　大川隆法《おおかわりゅうほう》

『未来産業のつくり方』大川隆法著作参考文献

『未来創造の経済学』（幸福の科学出版刊）
『国家社会主義とは何か』（同右）
『民主党亡国論』（同右）
『松下幸之助 日本を叱る』（同右）
『勝海舟の一刀両断！』（同右）

未来産業《みらいさんぎょう》のつくり方《かた》――公開霊言　豊田佐吉・盛田昭夫――

2010年8月23日　初版第1刷

著　者　大《おお》川《かわ》隆《りゅう》法《ほう》

発行所　幸福の科学出版株式会社

〒142-0041 東京都品川区戸越1丁目6番7号

TEL(03)6384-3777

http://www.irhpress.co.jp/

印刷・製本　株式会社 サンニチ印刷

落丁・乱丁本はおとりかえいたします

ISBN978-4-86395-066-5 C0030

Photo: ©julien tromeur-Fotolia.com

Illustration: 水谷嘉孝

大川隆法ベストセラーズ・霊言シリーズ

菅直人の原点を探る

公開霊言　市川房枝・高杉晋作

菅首相の尊敬する政治家、市川房枝と高杉晋作を招霊し、現政権の本質を判定する。「国難パート2」の正体が明らかにされる。

1,200円

国家社会主義とは何か

公開霊言　ヒトラー・菅直人守護霊・胡錦濤守護霊・仙谷由人守護霊

民主党政権は、日米同盟を破棄し、日中同盟を目指す！？　菅直人首相と仙谷由人官房長官がひた隠す本音とは。

1,500円

民主党亡国論

金丸信・大久保利通・チャーチルの霊言

三人の大物政治家の霊が、現・与党を厳しく批判する。危機意識の不足する、マスコミや国民に目覚めを与える一書。

1,200円

※表示価格は本体価格（税別）です。